O Longo Amanhecer

Reflexões sobre a formação do Brasil

CELSO FURTADO

O LONGO AMANHECER

Reflexões sobre a formação do Brasil

PAZ E TERRA

Diagramação
MIL Editoração

Capa
Isabel Carballo

Editora Paz e Terra S.A.
Rua do Triunfo, 177
Santa Ifigênia, São Paulo, SP
CEP 01212-010
Tel: (11) 223-6522

CIP-BRASIL. CATALOGAÇÃO-NA-FONTE
SINDICATO NACIONAL DOS EDITORES DE LIVROS, RJ

F987l

Furtado, Celso, 1920-
O longo amanhecer : reflexões sobre a formação do Brasil / Celso Furtado. — Rio de Janeiro : Paz e Terra, 1999

Inclui bibliografia
ISBN 85 219 0338-3

1.Brasil – Civilização. 2. Globalização (Economia). 3. Brasil – Política o governo. 4. Brasil – Política econômica. I.Título.

99-1190.

CDD 981
CDU 981

1999

Impresso no Brasil *Printed in Brazil*

Sumário

A Rosa,
que me ensinou a ser paciente.

PREFÁCIO

Os ensaios aqui reunidos respondem a uma indagação: que margem de autonomia nos resta para interferir no desenho de nosso porvir como nação? A ninguém escapa que o espaço em que atuamos para prosseguir na construção do Brasil reduz-se a olhos vistos, ao mesmo tempo que cresce a importância da variável política.

Os sistemas de poder se fazem cada vez mais heterogêneos em um mundo em que os Estados nacionais perdem importância para instituições transnacionais, multinacionais e mesmo regionais. As atividades financeiras, beneficiadas por avanços surpreendentes na eletrônica, assumem posições de vanguarda na modelagem das estruturas de poder. Os padrões monetários tendem a unificar-se, o que amplia significativamente o âmbito de ação da moeda dominante, ao mesmo tempo que se impõe a constituição de vultosas reservas monetárias em benefício das economias centrais. A conseqüente redução da margem de autonomia das autoridades nacionais torna mais difícil alcançar a superação do subdesenvolvimento.

As atividades produtivas de alcance estratégico tendem a ser controladas por grupos privados transnacionais, o que está reforçando a concentração do poder econômico e a exclusão social. O processo político, por seu lado, evolui no sentido de conglomeração de interesses.

Não resta dúvida de que o ciclo histórico que se abre será marcado pela emergência de uma nova concepção da política. O formato que assumirá o Estado nacional em países de grandes dimensões territoriais e demográficas como o Brasil ainda está por definir-se. O objetivo destes textos é ajudar a nova geração a tomar consciência da responsabilidade que lhe cabe para dar continuidade à construção do Brasil preservando os valores fundamentais de nossa cultura.

O que há de comum nos ensaios presentes é a tentativa de captar a especificidade do perfil cultural brasileiro. O primeiro ensaio, "A busca de um novo horizonte utópico", foi apresentado em seminário sobre políticas macroeconômicas organizado pela Assembléia Legislativa de Minas Gerais, em julho deste ano. O segundo, "Os caminhos da reconstrução", foi objeto de um debate na Comissão de Economia da Câmara dos Deputados, em Brasília, no mês anterior. O terceiro, "Nova concepção do federalismo", retoma uma reflexão que venho fazendo desde uma palestra pronunciada na Ordem dos Advogados do Rio Grande do Sul, em Porto Alegre, em outubro de 1982. O quarto ensaio, "Formação cultural do Brasil", reelabora temas inicialmente apresentados no 1° Congresso de Política Cultural, em Belo Horizonte, em 1984. O quinto ensaio, "Mensagem aos jovens economistas", decorre de uma palestra proferida para os alunos da Escola de Economia da Universidade de São Paulo, em 18 de agosto de 1998, organizada pelo professor Cleber Aquino e tendo como debatedor o jornalista e historiador Jorge Caldeira. Os dois últimos são conferências proferidas na Academia Brasileira de Letras no correr do ano presente.

C. F.

Rio de Janeiro, setembro de 1999

A Busca de Novo Horizonte Utópico

I

Se existe consenso de que esta é uma era pós-keynesiana, é que percebemos com clareza o alcance da evolução das estruturas de poder. A visão do processo econômico somente deixa de ser simplesmente virtual quando adquire consistência política, capta os sistemas de dominação social que prevalecem.

As estruturas de poder são nacionais, transnacionais, plurinacionais. Sua evolução vem se dando no sentido de atrofia das estruturas nacionais, de um forte crescimento das transnacionais e no avanço irregular das plurinacionais. As raízes dessas mudanças morfológicas nos sistemas de dominação revestem-se da complexidade dos processos históricos, e não é nosso propósito abordá-las nesta oportunidade. Limitamo-nos a assinalar que a lógica desse processo sofreu profundas mutações à medida que a ideologia do bem-estar coletivo foi perdendo força, suplantada pela racionalidade mercantil.

A primeira fase de implantação do capitalismo industrial foi marcada pela crescente ascensão das forças sociais que lutavam pelos ideais do bem-estar social.

Essas lutas levaram, no século que termina, à implantação ocasional dos ideais socialistas sob a forma de planificação centralizada e, mais freqüentemente, de aumento da participação do Estado na alocação da renda social, conforme o ideário da social-democracia. Em ambos os casos prevalece a consecução do objetivo de maximização do bem-estar social. Certo, a planificação centralizada, em razão do quadro histórico em que foi implantada, não conheceu evolução política, o que explica sua crescente perda de criatividade e seu final abandono.

A prática da social-democracia produziu resultados bem diversos: a exacerbação da competitividade levou a criatividade a extremos, com hipertrofia da inovação de produtos, o que alimenta o consumismo. Nisso se funda o aumento do poder do capital e a tendência à sua participação crescente na apropriação da renda. Assim, o capitalismo avançado tendeu a concentrar a renda e, subseqüentemente, o capital. O ideal keynesiano de pleno emprego foi abandonado, o que acarretou a degradação do tecido social com aumento da criminalidade e enfraquecimento da coesão comunitária.

A tendência à subutilização do capital explica a grande disponibilidade de recursos líquidos para investir no exterior, o que está na raiz da globalização. Com efeito, esta resulta da ação conjugada de dois vetores:

o reforço da oferta de recursos para investir no exterior, que se observa nos países de capitalismo avançado, e a orientação dada a esse processo pelas empresas transnacionais.

II

Não é fácil captar o sentido das profundas modificações estruturais que conduziram à emergência de um sistema econômico planetário. Existe consenso de que as atividades econômicas se articulam crescente-mente em escala planetária num processo que tem como contrapartida o cumprimento da famosa tese de Marx de dissolução do que se entende como Estado nacional, instituição que historicamente manteve o monopólio da legitimidade do exercício da violência. As funções que atualmente exerce o Estado não desapareceriam propriamente, mas assumiriam outra forma, sem ligação direta com espaços geográficos e demográficos definidos. Essa transformação seria cumprida independentemente de um projeto político, como um processo evolutivo natural, conduzido pela *roda da história*, conforme a visão determinista do século passado. Não se trata da formação de novo império de amplitude planetária, e sim da superação dos resquícios dos poderes imperiais mediante a prevalência da racionalidade formal que conduz à maximização da eficiência no uso de recursos escassos.

Essa visão utópica constitui tão-somente um exercício de lógica inspirado no princípio de que o progresso é imanente à vida social e se manifesta sempre que o homem se deixa guiar pela razão. A globalização seria, portanto, a porta de acesso à estrada real que conduz ao uso pleno das potencialidades humanas, ou, para usar um conceito moderno, sinalizaria o *fim da história*.

A economia capitalista buscou desde cedo a frente externa para expandir-se. A abertura para as transações internacionais alcançou grande intensidade no meio século que antecedeu a Primeira Guerra Mundial e os investimentos, particularmente em títulos, têm crescido mais do que o comércio internacional já há alguns decênios. O que é realmente novo é a montagem de um sistema produtivo transnacional e global cujo dinamismo se traduz em novo desenho na alocação geográfica dos recursos e em forte concentração social da renda.

O reforço das disponibilidades de recursos líquidos para investir produzido pelo fim da Guerra Fria e a maior concentração da renda decorrente do impacto das novas técnicas, particularmente o avanço na eletrônica e nos meios de comunicação, consolidaram a posição das empresas transnacionais. As estratégias adotadas por estas serão de influência crescente na alocação dos recursos em todos os países, e não apenas nas economias periféricas.

III

O modelo de industrialização substitutiva de importações estava longe de haver esgotado suas possibilidades como motor de crescimento, particularmente nos países de mercado interno de dimensões médias e grandes. No caso do Brasil, que mantém grande disponibilidade de solos aráveis subutilizados e acentuada heterogeneidade social, o caminho mais curto para o desenvolvimento continuará a ser por muito tempo o dinamismo do mercado interno. Certo, este não é o caso da grande maioria dos países do Terceiro Mundo, que dependem de integração sub-regional e/ou de privilegiar alguma atividade que se beneficie de vantagens comparativas estáticas para aumentar sua inserção no comércio internacional. Exemplos do primeiro caso são o Uruguai e o Paraguai que, ao entrarem para o Mercosul, removeram o maior constrangimento ao crescimento, que é a estreiteza do próprio mercado interno. Exemplo do segundo caso é a opção por uma zona de processamento, como se observa em países centro-americanos, o que permite utilizar mão-de-obra semiqualificada e barata, num processo de inserção no grande mercado dos Estados Unidos.

A experiência nos ensina que o modelo de desenvolvimento deve ser concebido a partir das peculiaridades de cada país, tendo em conta os constrangimentos do quadro internacional. Ora, o que estamos testemunhando é o desmantelamento do modelo que permitiu a inserção de países da América Latina no processo de industrialização e a adoção acrítica de uma política econômica que privilegia as empresas transnacionais, cuja racionalidade somente pode ser captada no quadro de um sistema de forças que transcende os interesses específicos dos países que o integram. Trata-se de prescindir de políticas nacionais de desenvolvimento, porquanto a estratégia das grandes empresas transnacionais se sobrepõe ao âmbito de visão dos atores nacionais.

A primeira observação a fazer diz respeito ao tipo de racionalidade econômica que tende a prevalecer. O conglomerado transnacional que planeja a alocação de recursos parte de uma visão da disponibilidade destes, à qual escapa a percepção dos valores que cimentam as nacionalidades. Em outras palavras: somente os sistemas sociais estão em condição de ordenar a hierarquização dos valores substantivos. As atividades econômicas ordenadas pelos mercados traduzem valores dos indivíduos, microeconômicos, que são necessariamente heterogêneos e não-adicionáveis, exceto mediante uma redução quantitativa. O valor de um pedaço de pão, para um faminto, não pode ser medido com a mesma escala com que se afere o valor da comida de quem nunca sentiu verdadeira fome. Esse exemplo extremo nos permite perlustrar a complexidade do problema.

IV

A empresa transnacional que agencia recursos originários de diversos sistemas produtivos (mão-de-obra, tecnologia, matérias-primas, encargos financeiros etc.) pretende apoiar-se em critérios racionais. Mas, como ignorar que com freqüência se trata de integrar valores substantivos, tarefa que pressupõe a existência de uma política de desenvolvimento nacional? Tornar compatíveis esses objetivos é tão mais difícil quanto mais heterogênea for a sociedade. Ali onde prevalece a racionalidade formal das empresas transnacionais sempre existe uma ampla margem de atividades disfuncionais. Com efeito, o avanço das empresas transnacionais nas economias que iniciaram sua industrialização ao impulso da substituição das importações assume a forma de degradação de segmentos importantes do tecido produtivo, com ampla criação de desemprego.

Se observamos de perto o caso do Brasil, que no período histórico anterior à crise dos anos 70 foi o país do Terceiro Mundo que construiu o mais complexo sistema industrial, comprovamos que nosso país reduziu a eficiência dos investimentos financiados com poupança própria, aumentou o ritmo de endividamento externo, viu crescer amplamente sua taxa de desemprego, tudo contribuindo para uma baixa significativa de seu crescimento. Em síntese: a transição para a globalização faz-se a um preço considerável. É natural, portanto, que se indague como justificar esse sacrifício e a quem ele beneficia.

A doutrina corrente nos apresenta a globalização como um *imperativo tecnológico*, portanto, inescapável para as economias que aspiram a desenvolver-se. Não perceber essa realidade seria submeter-se de forma acrítica aos preceitos ricardianos dos custos comparativos. Ora, a luta contra o subdesenvolvimento só foi possível quando se superou essa visão dogmática da divisão internacional do trabalho. O horizonte tecnológico indica a direção do crescimento e abre um campo de opções. Cabe à política econômica definir seu balizamento. A globalização avançou com grande ímpeto nos decênios que se seguiram à Segunda Guerra Mundial graças à política de abertura dos mercados protagonizada pelos países sedes das grandes empresas transnacionais, que controlam instituições como o antigo GATT e a atual Organização Mundial do Comércio. Em outras palavras, o fator político, juntamente com a orientação da tecnologia, deram ao processo histórico um sentido crescentemente favorável às empresas transnacionais.

V

Não resta dúvida de que essas transformações estruturais dos sistemas econômicos têm impactos desiguais nos países que as vivem. Aqueles de dimensões econômicas médias ou pequenas, como o Chile e a Costa Rica, podem com facilidadc tirar vantagem do novo estilo de integração internacional, beneficiando-se de vantagens comparativas clássicas no quadro de *zonas de processamento.* É fácil perceber que o fundamento da divisão geográfica do trabalho que está na base desse intercâmbio é, em última instância, a diversidade da dotação de recursos naturais e/ou a diversidade da remuneração da mão-de-obra. Sendo assim, a preservação desse intercâmbio depende da persistência nas desigualdades do custo do trabalho. O único intercâmbio entre iguais seria aquele que se funda na diversidade de dotação de recursos naturais.

À medida que desaparecem as barreiras tarifárias, surge um tecido de atividades econômicas comandadas por empresas que fundam o seu poder no controle da inovação e na proteção do Estado nacional. A combinação de recursos políticos e inovação tecnológica facilita o acesso aos mercados financeiros. A empresa transnacional recruta recursos produtivos em escala global e está em condições de combinar mão-de-obra de baixo preço com trabalho altamente especializado, e pode minimizar os custos financeiros e maximizar a remuneração do capital. Trata-se de uma organização horizontal que opera mediante associações variadas de alcance planetário. E essas organizações são entidades de direito privado, sem responsabilidade pública que não sejam aquelas aceitas voluntariamente.

O desafio que se apresenta atualmente é o de identificar a lógica imanente ao agenciamento de recursos por esses complexos transnacionais. Trata-se de novas formas de estruturação do poder capazes de sobreporem-se aos sistemas tradicionais que são constituídos por empresas privadas de atuação local e o Estado nacional. Sua força decorre principalmente da posição de vanguarda tecnológica que ocupam e da possibilidade que têm de mudar a localização de unidades produtivas em função dos custos relativos dos insumos e de alterações nas taxas de câmbio e de juros. Em síntese, a estratégia de uma empresa transnacional é algo de grande complexidade e pressupõe um forte entrosamento com as estruturas de poder político sobre as quais tem crescente influência. Explica-se assim o debilitamento do poder sindical e o declínio das políticas de pleno emprego. Surge uma crescente margem de flexibilidade na administração dos salários, o que engendra uma tendência à concentração de renda que se universaliza. Em síntese, as modificações fundamentais que estão ocorrendo têm lugar na esfera política de decisões, esfera que escapa à análise rigorosamente econômica. Isso explica o aparente atraso da análise econômica na captação das mudanças em curso.

VI

A visão prospectiva mais completa da área geográfica latino-americana possivelmente é a apresentada pela CEPAL na reunião da UNCTAD/PNUD de fevereiro de 1999. As políticas econômicas tendem a ser uniformizadas para evitar formas bastardas de concorrência e a política monetária perderia relevância mediante um processo de *dolarização* que já se encontra avançado na maioria dos países da área.

O projeto de monitoramento político para modificar o modelo atual seria levado adiante pelas empresas transnacionais, principalmente as norte-americanas, que representam metade do total e contam com meios políticos para atuar na região. A ação dessas empresas se desdobra atualmente de forma sincrônica visando três objetivos estratégicos:

a) busca de eficiência, o que significa dar ênfase à tecnologia intensiva de capital, com vistas a competir nos mercados mais sofisticados;

b) busca de matérias-primas visando abrir ao exterior o setor produtivo de minerais e combustíveis;

c) abertura dos mercados financeiros, das telecomunicações, da eletricidade e da distribuição de gás.

A ação das empresas transnacionais nesses setores levaria a uma efetiva integração das economias latino-americanas, emergindo o dólar como moeda comum e assumindo os Estados Unidos as funções de banqueiro central.

A análise dos efeitos que esse tipo de integração tem sobre os distintos países latino-americanos está por ser feita. Já vimos que nos países de pequenos mercados são os recursos naturais não-renováveis e a disponibilidade de mão-de-obra barata que balizarão o esforço das entidades produtivas.

Os países que já avançaram no processo de industrialização principalmente voltado para o mercado interno — o Brasil é o exemplo conspícuo — serão confrontados com um dilema: optar pela linha mais fácil de renunciar a um projeto próprio, ou lutar para abrir caminho no sentido de privilegiar o desenvolvimento do mercado interno. Nesta segunda hipótese, o acesso à vanguarda tecnológica será mais custoso, mas o desenvolvimento será mais autodirigido e as forças que apóiam mudanças sociais, mais participativas. Para os que adotam essa posição contestadora a história está longe de apresentar-se como concluída.

VII

O objetivo que começa a definir-se é o de caminhar para a instituição de uma Autoridade Financeira mundial, que poderá ou não ser tutelada pelas economias dominantes.

Estas se preparam para assumir o controle das atividades monetárias dos chamados países emergentes.

A consciência de que as estruturas atuais expõem povos ricos e pobres a crises de custo social crescente está na origem de múltiplas iniciativas para que se realize um esforço comum de reconstrução institucional. Para avançar neste terreno se requerem espírito de cooperação, visando a conciliar interesses divergentes, e espírito de luta a fim de que os que ocupam posição de poder e têm mais amplo acesso às fontes estratégicas de informação não obriguem os fracos a aceitar mais um desses *Diktats* responsáveis por tantas tragédias históricas.

O Fundo Monetário Internacional continua enfeudado ao Tesouro dos Estados Unidos e aos interesses financeiros internacionais para desempenhar adequadamente esse papel. Recentemente deu-se um passo adiante com a instituição de uma força-tarefa no Comitê Consultivo das Nações Unidas para Assuntos Econômicos e Sociais. Este órgão recomendou a instituição de uma Autoridade Financeira Mundial com poderes para definir padrões de regulação financeira. Parte-se da evidência de que o distúrbio que vivemos deve-se à incapacidade do sistema financeiro atual de prever e prevenir as situações caóticas. Entre as medidas sugeridas inclui-se a criação de fundos de liquidez regionais, fundos que seriam administrados de forma preventiva e não para apagar incêndios. Recomenda-se também a adoção de um código internacional de conduta em matéria monetária, fiscal e financeira.

Em uma época de transição como a atual, o mais importante é preservar a margem de autonomia que nos permita utilizar o peso internacional do Brasil para mobilizar e coligar forças na defesa dos interesses de povos que lutam para preservar sua independência. A economia mundial é um sistema de poder engendrado historicamente, portanto, em transformação. Esse poder pode ser virtual: o caso do Brasil é típico pela diferença que existe entre o poder que permanece virtual e aquele que se realiza plenamente. Em nenhum momento de nossa história foi tão grande a distância entre o que somos e o que esperávamos ser.

Os Caminhos da Reconstrução

O PROBLEMA

A política econômica seguida tradicionalmente no Brasil engendrou uma sociedade com chocantes desigualdades, sujeita a crises intermitentes de balança de pagamentos. Não podemos ignorar esse fato se pretendemos compreender a inflação crônica que caracterizou a economia brasileira nas fases de crescimento e também nas de recessão.

A estratégia de estabilização adotada pelo governo a partir de 1994 ignorou essa realidade. Ora, a instabilidade vinha reduzindo a governabilidade do país desde os anos 70, quando mudou a conjuntura internacional sob impacto da alta do preço do petróleo e, no fim do decênio, com a elevação abrupta das taxas de juros no mercado internacional. Esse aumento nas taxas de juros operou em detrimento dos países do Terceiro Mundo e em benefício dos Estados Unidos, que passaram a absorver grande parte dos recursos disponíveis para investimento na esfera internacional.

O traço essencial que marcou a política implantada há cinco anos consistiu em tirar proveito do aumento conjuntural de liquidez internacional, sob a forma de aplicações em fundos de capitalização de curto prazo. Deu-se, assim, mais elasticidade à oferta interna de bens de consumo mas inverteu-se a posição do balanço comercial que, de positivo, passou a ser fortemente negativo. Isso favoreceu a massa de consumidores, o que produziu dividendos políticos consideráveis. Pouca preocupação houve com os fundamentos da estabilidade, não obstante a ampla experiência acumulada no país de luta contra a inflação de raízes estruturais ligadas ao subdesenvolvimento. Com efeito, é reconhecido o pioneirismo do Brasil no esforço de teorização sobre essa matéria.

Como era de prever, a estabilidade de preços engendrou sem demora um grave desequilíbrio na balança de pagamentos. À diferença do ocorrido no passado, quando se enfrentava esse tipo de desequilíbrio manipulando o câmbio, desta vez privilegiou-se a estabilidade de preços, buscando o endividamento externo de curto prazo mediante a elevação exorbitante das taxas de juros. Essa política de juros altos provocou uma redução dos investimentos produtivos e uma hipertrofia dos investimentos improdutivos. O país começou a projetar a imagem de uma economia distorcida que se endivida no exterior para financiar o crescimento do consumo e investimentos especulativos, alienando o patrimônio nacional mediante um programa de privatizações. A dimensão Passivo Externo Líquido (diferença entre o passivo externo bruto, que é igual à soma da dívida externa com o estoque de investimentos estrangeiros, e os ativos externos) praticamente dobrou entre 1994 e 1998, passando de 35% para 65% do PIB. Se relacionamos esse passivo com o estoque de capital fixo reprodutivo acumulado no Brasil, a relação aumenta de 23% para 44%. Isso significou a opção consciente pelo endividamento externo na estratégia de combate à inflação.

Não seria o caso de culpar os formuladores do novo plano de estabilização, que haviam recomendado uma política compensatória fiscal, a qual engendraria uma elevação compulsória da poupança. É sabido que essa nova política foi concebida nos Estados Unidos, com a colaboração de técnicos do Fundo Monetário Internacional, o que explica que não se haja tido em conta as peculiaridades do processo legislativo brasileiro, o qual está longe de ter o nível de racionalidade ao gosto dos tecnocratas. Mas não se pode ignorar que a nova política produziu pingues dividendos políticos, que inebriaram os dirigentes do poder executivo. Obteve-se, mediante reforma constitucional, o direito à reeleição dos chefes desse poder, mas o custo político decorrente do conseqüente sobreendividamento traduziu-se em um desequilíbrio cujos efeitos ainda não foram plenamente conhecidos.

A partir de então, fez-se evidente que a economia

brasileira se autocondenara a ter de apelar para uma ruinosa moratória cujo impacto internacional seria necessariamente considerável. Foi o temor a essa repercussão que abriu espaço para uma ação preventiva de apoio ao Brasil comandada pelas nações mais ricas e articulada pelo FMI. Mais uma vez evidenciou-se que as instituições internacionais são incapazes de mobilizar os recursos requeridos para evitar rupturas de pagamentos de grande vulto. Os parcos recursos que intermedeiam são aplicados a taxas de juros que pouco alívio trazem aos devedores. Não obstante a excepcionalidade do caso, os recursos postos à disposição do Brasil aprofundaram o endividamento do país, particularmente se se tem em conta que as condicionalidades do FMI conduzem a uma recessão de elevado custo social. A estratégia desse órgão baseia-se em uma compressão da demanda para aumentar a capacidade de pagamento do serviço da dívida externa de mais longo prazo. A inovação está em que a recessão deixa de ser vista como um mal para ser considerada o objetivo a ser perseguido. Busca-se a adoção de um sistema de *currency board*, ou seja, a *dolarização* progressiva, à semelhança do que vem ocorrendo na Argentina. Isto implica em que o Brasil, sobreendividado, deve compartilhar com o sistema financeiro internacional o governo do país. Diante dessa perspectiva temos de reconhecer que o recurso à moratória seria um mal menor em comparação com a abdicação da responsabilidade de autogovernar-se a que seríamos levados pela *dolarização*.

A situação a que fomos conduzidos nos obriga a buscar entendimento com os credores no plano externo como no interno. Os aliados potenciais internos são os grupos industriais esmagados pelas taxas de juros exorbitantes e a classe trabalhadora, vítima do desemprego generalizado. No plano externo, cabe lutar por uma reestruturação do sistema financeiro internacional, no sentido de reduzir a dependência dos fluxos de capital a curto prazo.

No momento atual, presenciamos uma volta ao processo de endividamento externo ao sabor da nova vaga de liquidez do mercado financeiro internacional. Portanto, voltamos a correr o risco de uma moratória catastrófica, que parece ser o objetivo dos que se empenham em liquidar o que resta do patrimônio público (leia-se Petrobrás) e em ceder a instituições supranacionais o comando do sistema monetário brasileiro (leia-se dolarização). Se privatizamos o atual sistema bancário controlado pelo governo (Banco do Brasil e Caixa Econômica Federal), estaremos em realidade transferindo para o controle privado os instrumentos da política econômica, o que significa tornar sem função o Banco Central. De toda forma, isso ocorrerá se mergulharmos numa progressiva dolarização, na conformidade dos compromissos assumidos com os credores externos sob a orientação do FMI. Não se pode ignorar que, neste caso, privatização significa internacionalização.

QUE FAZER?

O objetivo a alcançar a longo prazo deve ser uma reforma de estruturas visando a retomar o processo de construção a cuja interrupção me referi em livro publicado no começo do decênio. A estratégia a ser seguida requer ação em três frentes. A primeira visa a reverter o processo de concentração patrimonial e de renda que está na raiz das malformações sociais que se observam no Brasil. Nosso país se singulariza por dispor de considerável potencial de solos aráveis não aproveitados, fontes de energia e mão-de-obra subutilizadas, elementos que dificilmente se encontram reunidos em outras partes do planeta. Por outro lado, abriga dezenas de milhões de pessoas subnutridas e mesmo famintas. A solução para esse problema é de natureza política, antes de ser econômica, como bem expôs o economista hindu Amartya Sen, o mais recente Prêmio Nobel de Economia.

Esse autor demonstra com clareza que o problema das fomes epidêmicas e da pobreza endêmica em amplas áreas do mundo atual não depende prioritariamente de aumento da oferta de bens essenciais nos países concernidos. Trata-se do que ele chama de "enfoque da habilitação". Para participar da distribuição da renda social, é necessário estar habilitado por títulos de propriedade e/ou pela inserção qualificada no sistema produtivo. O que está bloqueado em certas sociedades é o processo de habilitação. Isso é evidente com respeito a populações rurais sem acesso à terra para trabalhar ou devendo pagar rendas escorchantes para ter esse acesso. O mesmo se pode dizer das populações urbanas que não estão habilitadas para ter acesso à moradia. As instituições que permitem a concentração em poucas mãos da formidável valorização das terras urbanas respondem pela miserabilidade de grandes massas da população. A pobreza maciça, característica do subdesenvolvimento, com freqüência tem origem numa situação de privação do acesso à terra e à moradia. Essa situação estrutural não encontra solução nos mecanismos dos mercados.

A segunda frente a ser atacada é a do atraso nos investimentos no fator humano, atraso que se traduz em extremas disparidades entre os salários dos especialistas e do operário comum. O salário de um engenheiro de produção no Brasil rivaliza com o de países desenvolvidos de média renda e é três vezes mais alto do que o do México, cuja renda *per capita* é similar à nossa. Enquanto isso, o salário do trabalhador não especializado se nivela com os mais baixos da América Latina. O índice de desenvolvimento do fator humano das Nações Unidas, que inclui variáveis sociais ao lado de fatores econômicos, aponta o Brasil como um caso notório de atraso no desenvolvimento social, relativamente ao nível de renda *per capita*. Deduz-se desses dados que o Brasil acumulou historicamente um considerável atraso em investimento no fator humano, ou seja, na promoção do bem-estar da massa da população. A miséria de grande parte do povo brasileiro é a contrapartida do hiperconsumo praticado por uma pequena minoria em termos relativos.

A terceira frente de ação refere-se à forma de inserção no processo de globalização. Esse processo traduz a prevalência das empresas transnacionais na alocação dos recursos produtivos, decorrência da importância crescente do fator tecnológico na orientação dos investimentos e da concentração do poder militar em escala planetária. Constitui equívoco imaginar que o processo de globalização responde pela instabilidade dos mercados monetário e financeiro em escala internacional. Essa instabilidade decorre da desregulamentação dos sistemas de controle desses fluxos, a partir do desmantelamento das instituições de Bretton Woods e da substituição do ouro pelo dólar como padrão monetário dominante.

Para entender a situação problemática com que se confronta atualmente o Brasil faz-se necessário utilizar uma perspectiva histórica. Somente assim será possível distinguir questões estruturais, crônicas, das conjunturais, decorrentes da política que vem sendo seguida pelo governo atual. Conforme já observamos, o nosso é um país com notória tendência à concentração da riqueza e da renda, particularmente no que concerne a investimentos no fator humano. Disso resulta uma sociedade que tolera extremas desigualdades sociais e cujos grupos de altas rendas apresentam notória inclinação ao consumismo. Nesse quadro estrutural que engendra forte propensão ao consumo a prática da poupança é quase inexistente, o que explica a insuficiência crônica de recursos destinados à inversão e também explica a propensão ao endividamento externo. Esse contraste entre o desejo de acesso à modernidade e a carência de poupança própria está na raiz da tendência ao desequilíbrio inflacionário. Isso também explica a precocidade com que entre nós se teorizou sobre o caráter estrutural da inflação nas economias subdesenvolvidas. Também cabe ter em conta o fato de que nosso país está sob forte influência cultural dos Estados Unidos, cujo dinamismo se baseia no hiperconsumo e se traduz numa propensão crônica ao endividamento interno e externo. Ora, os Estados Unidos emitem uma moeda de circulação universal, o que lhes permite endividar-se em condições privilegiadas. O caso brasileiro é exatamente inverso, pois a nossa história está marcada por experiências de inadimplência. Demais, razões de várias índoles respondem pela baixa eficiência dos investimentos reprodutivos entre nós.

A globalização é percebida atualmente como um imperativo histórico que condiciona a evolução de todas as economias. Mas não devemos perder de vista a diferença entre globalização abrangente das atividades produtivas e globalização dos fluxos financeiros e monetários. A primeira globalização é processo antigo, decorrente da evolução tecnológica, enquanto a segunda ocorre principalmente em torno dos centros de poder que se estruturam no mundo desenvolvido, tendo como pólos os Estados Unidos, a Eurolândia e o Japão. A pressão que se manifesta visa a simplificar os sistemas monetários a partir desses três pólos de dominação, o que é racional do ponto de vista das economias desenvolvidas, que fundam seu dinamismo essencialmente nas forças do mercado. No que concerne aos países subdesenvolvidos, onde o desenvolvimento depende do enfrentamento de problemas estruturais, o espaço para a ação política tem que ser maior. Necessita-se nesses países de uma política inovadora, particularmente na área monetária, sem a qual estaremos condenados à estagnação. A luta contra o subdesenvolvimento é um processo de construção de estruturas, portanto, implica na existência de uma vontade política orientada por um projeto. Essa é a lição que podemos tirar dos decênios de crescimento que vivemos a partir do imediato pós-guerra.

Se o Estado nacional é o instrumento privilegiado para enfrentar problemas estruturais, cabe indagar como compatibilizá-lo com o processo de globalização. Pouca dúvida pode haver de que a globalização dos fluxos monetários e financeiros deve ser objeto de rigorosos constrangimentos, o que exige a preservação e o aperfeiçoamento das instituições estatais. Não se trata de restringir arbitrariamente a ação das empresas transnacionais, e sim de orientá-las no sentido de dar prioridade ao mercado nacional e à criação de empregos. Favorecer as tecnologias de ponta pode ser racional se o objetivo estratégico é abrir espaço no mercado externo. Mas se o objetivo principal é alcançar o bem-estar social, não tem fundamento investir em técnicas intensivas de capital e poupadoras de mão-de-obra, como se vem fazendo atualmente no Brasil.

A absorção de recursos externos deve ser disciplinada por uma política que tenha em conta seus efeitos positivos e negativos. É urgente planejar a saída do estado atual de sobreendividamento externo, tanto do governo como de muitas empresas. Por outro lado, urge sincronizar os encargos financeiros do capital externo com o impacto positivo deste sobre a capacidade para exportar. Não se pode perder de vista que o comércio exterior é o pulmão pelo qual se respira o avanço tecnológico. Se mal administrado, esse comércio pode levar a economia a uma paralisia progressiva. O formidável sobreendividamento que sofremos entre 1995 e 1998 — o déficit em conta corrente somou algo como 100 bilhões de dólares — ocorreu num período em que o crescimento econômico foi praticamente zero. Ora, esses foram anos em que dobrou o grau de controle por grupos estrangeiros do capital fixo reprodutivo do país.

Em face das incertezas que enfrentamos atualmente, uma estratégia, para ser eficaz, deve visar um horizonte a longo prazo e privilegiar o esforço de reconstrução. Os objetivos iniciais devem ser abrangentes e podem parecer um tanto contraditórios do ponto de vista da lógica econômica convencional. Mas o que importa é que sejam coerentes do ponto de vista político.

Exemplificando:

a) dar prioridade à solução do problema da fome e da subalimentação da população de baixa renda — este é um problema similar ao da segurança pública e ao do combate às doenças contagiosas;

b) concentrar investimentos no aperfeiçoamento do fator humano de forma a elevar o nível de cultura da massa da população e ampliar a oferta de quadros técnicos;

c) conciliar o processo de globalização com a criação de emprego, privilegiando o mercado interno na orientação dos investimentos — a capacidade para importar deve ser utilizada de forma a priorizar as aquisições de tecnologia.

Na ausência de um projeto autônomo que dê prioridade ao objetivo do bem-estar social, o crescimento econômico, sob a direção de empresas transnacionais, conduzirá inevitavelmente à concentração da renda em favor dos países criadores de novas técnicas. E pouca dúvida pode haver de que a longo prazo esse crescimento produzirá uma civilização fundada em desigualdades sociais crescentes.

Ao cabo de duas "décadas perdidas", é natural que nos interroguemos sobre o que houve de errado no comportamento dos dirigentes de nosso país e/ou até que ponto a responsabilidade pode ser imputada a forças externas que condicionam nossos centros de decisão. Em primeiro lugar, devemos reconhecer que já não constituíam agentes ativos de nossa própria história dirigentes sem autonomia, incapacitados para ter uma visão global da realidade em que estavam inseridos. Podemos afirmar que o primeiro patamar de independência foi alcançado desde começo dos anos 50, quando os problemas da economia brasileira passaram a ser vistos como atividade política relevante e objeto de amplos debates.

Vou referir-me a dois temas fundamentais sobre os quais houve reflexão teórica entre nós, com repercussão nas decisões políticas tomadas na época. Esses temas são o da inflação e o da elaboração de um projeto nacional de desenvolvimento.

Afastando-se da visão monetarista tradicional, que isolava o sistema de preços das atividades reais produtivas, surgiu no Brasil uma escola de pensamento que via no processo inflacionário crônico o reflexo de tensões estruturais geradas pelos conflitos em torno da distribuição da renda. Daí a relevância do fator político. Em livro publicado em 1954 (*A economia brasileira*, editora A Noite), eu dizia o seguinte num capítulo intitulado "A instabilidade como problema estrutural": "O estudo do processo inflacionário focaliza sempre dois problemas: a elevação do nível de preços e a redistribuição da renda. Seria, entretanto, errôneo supor que se trata aí de dois problemas autônomos. A palavra inflação induz a esse erro, pondo em primeiro plano o aspecto monetário do processo, isto é, a expansão da renda monetária. Contudo, essa expansão é apenas o meio pelo qual o sistema procura redistribuir a renda".

A diversidade estava em ver a inflação, primeiramente, não como fenômeno monetário na linha do

FMI, mas prioritariamente como uma luta pela distribuição da renda. A diferença entre os dois enfoques está em que a visão monetarista conduz a uma política deflacionista e recessiva que favorece certos setores sociais, em detrimento da massa de assalariados. Ao passo que o enfoque estruturalista permite identificar os focos originais de tensão crescente e põe em evidência os beneficiários do surto inflacionista. A vitória esmagadora das idéias do FMI levou à situação que presenciamos sem corar, que é o planejamento de uma recessão de elevado custo social para curar-se de uma inflação, agravando a concentração da renda.

A idéia de que o planejamento é uma técnica que permite elevar o nível de racionalidade das decisões econômicas tanto nas empresas como em uma sociedade organizada politicamente difundiu-se amplamente a partir da Segunda Guerra Mundial. No que se refere aos conjuntos econômicos nacionais, foram economistas de países em reconstrução os primeiros que teorizaram sobre o problema, sendo notórios os casos da França e da Holanda. Era fácil perceber que a reconstrução de um sistema econômico requeria técnicas complementares de coordenação de decisões com projeção no tempo e fora do alcance dos sistemas mercantis. A reflexão sobre esse tema abriu caminho para a idéia de que a superação do subdesenvolvimento, que também requer transformações estruturais, podia beneficiar-se da experiência das economias em reconstrução. O primeiro manual de Técnica de Planejamento foi elaborado na CEPAL no começo dos anos 50 sob minha direção. E serviu de base para a preparação do Plano de Metas do governo Juscelino Kubitschek, o que permitiu ao Brasil avançar consideravelmente na industrialização.

Cerca de um decênio depois eu me autocongratulava: "A economia de nosso país alcançou um grau de diferenciação — o que é distinto do nível convencional de desenvolvimento, medido pela renda *per capita* — que permitiu transferir para o país os principais centros de decisão de sua vida econômica. Em outras palavras, o desenvolvimento recente da economia brasileira não se fez apenas no sentido de elevação da renda real média do habitante do país, mas também assumiu a forma de uma diferenciação progressiva do sistema econômico, o qual conquistou crescente individualização e autonomia". (*A pré-revolução brasileira*, Civilização Brasileira, agosto de 1962.)

O processo de globalização interrompeu esse avanço na conquista da autonomia para a tomada de decisões estratégicas. Se submergirmos na *dolarização*, estaremos regredindo ao estatuto semicolonial. Com efeito, se prosseguirmos no caminho que estamos trilhando desde 1994, buscando a saída fácil do crescente endividamento externo e o do setor público interno, o Passivo Brasil a que fizemos referência terá crescido ao final do próximo decênio de forma a absorver a totalidade da riqueza nacional. O sonho de construir um país tropical capaz de influir no destino da humanidade ter-se-á desvanecido.

Nova Concepção do Federalismo

A moldura da organização com o enquadramento das forças políticas foi objeto de debate que antecedeu à promulgação da Constituição que Ulisses Guimarães apodaria de cidadã. No âmbito da Comissão Preparatória do projeto de Constituição, que tive a honra de integrar, discutiu-se amplamente pontos de doutrina fundamentais como a opção presidencialismo-parlamentarismo. De menor visibilidade externa mas de igual pertinência para as forças políticas que se enfrentaram foi o debate, que abarcou múltiplos aspectos das estruturas de poder, entre seguidores do federalismo e do unitarismo.

A formação da nacionalidade

Federalismo é o conceito mais amplo que tem sido utilizado para expressar a idéia de que a organização política deve basear-se na solidariedade e na cooperação, e não na compulsão. Foi com esta motivação que Proudhon afirmou, há mais de um século, que "somente a federação pode resolver, na teoria como na prática; o problema da conciliação".

Na Europa a história do federalismo está diretamente ligada à busca de formas de convivência de um grupo de nacionalidades ligadas por vínculos históricos no quadro de uma mesma organização estatal. É a formação dos Estados multinacionais, concebido o Estado no sentido que se lhe atribui, desde Maquiavel, de um corpo político com as mais abrangentes funções de controle social.

A luta pelo federalismo tem sido, na Europa, reflexo da aspiração profunda da preservação de identidade de grupos étnicos ou culturais com história própria. Não é de admirar, portanto, que essa luta se haja intensificado em nosso tempo, quando as agressões da indústria cultural tendem a esterilizar a capacidade criativa em benefício da homogeneização dos mercados.

No Brasil, a luta pelo federalismo está ligada às aspirações de desenvolvimento das distintas áreas do imenso território que o forma. Não se coloca entre nós o problema de choques de nacionalidades, de conflitos culturais ligados a disparidades étnicas ou religiosas. Mas sim o da dependência econômica de certas regiões com respeito a outras, de dissimetria nas relações entre regiões, de transferências unilaterais de recursos encobertas em políticas de preços administrados. Na diversidade das regiões estão as raízes de nossa riqueza cultural. Mas a preservação dessa riqueza exige que o desenvolvimento material se difunda por todo o território nacional.

Na formação da nacionalidade brasileira tiveram relevância forças que conduziam ao centralismo político e outras que reivindicavam o federalismo. Muitos foram os estudiosos de nossa história que assinalaram a alternância de fases em que se reforça o poder central com aquelas em que se vitalizam os poderes regionais e locais.

Assim, a formação da nossa nacionalidade deu-se através desse movimento pendular de distribuição do poder político, que não seria fácil explicar sem a consciência que cedo amadureceu entre nós de que somos um povo com um compromisso com o futuro, pois nos cabe ocupar e valorizar parcela importante do espaço planetário. Como somos um país com fronteiras que se deslocam permanentemente dentro do próprio território, nosso conceito de região é necessariamente dinâmico. Mas essa consciência de unidade nacional, dentro de um espaço que se expande, coexiste com o senso de identidade que se definiu historicamente em cada região particular. A identidade do brasileiro tem raízes em sua inserção regional, sendo de menor peso a dimensão religiosa ou étnica.

A pulsação centralismo-federalismo deve, portanto, ser situada na história tendo-se em conta esses dois traços fundamentais de nossa cultura, que são a consciência de unidade nacional e o irredutível da identidade regional. Mas daí não surgiram quadros institucionais conflituosos ou excludentes, e sim uma síntese que não se deve perder de vista quando olhamos para o futuro.

No período monárquico o centralismo se limitava ao quadro institucional e foi condição necessária para a formação do Estado nacional, de vez que as distintas regiões constituíam entidades autônomas do ponto de vista econômico, quase sem vínculos comerciais entre si, à exceção da região sulina que sempre competiu pelo mercado da região litorânea com os vizinhos platinos.

O SURTO DA ECONOMIA CAFEEIRA

A descentralização da Primeira República liga-se ao grande surto da economia cafeeira. Com ele a política do governo central subordinou-se cabalmente aos interesses da região em mais rápida expansão. A política de câmbio então seguida, de permanente sobrevalorização do mil-réis, teve conseqüências sobremodo negativas para outras regiões do país, cujos preços de exportação não podiam ser administrados como os do café. Contudo, ao estimular o crescimento do mercado na região central, a política de valorização do café contribuiu para que as demais regiões encontrassem dentro do próprio país espaço para uma parcela crescente de seus excedentes exportáveis cuja demanda entrava em declínio.

O centralismo do período de Vargas abriu o caminho à completa unificação do mercado interno, o que era tanto mais importante quanto o elemento motor da economia passava a ser a atividade industrial. Foi graças a esse impulso centralizador que o Brasil se dotou definitivamente de um mercado interno integrado e capaz de autogerar o seu crescimento.

A restauração federalista da Constituição de 1946 em boa medida representou uma reação contra os excessos do centralismo do Estado Novo. Foi nesse período que se tomou consciência da gravidade dos desequilíbrios regionais que vinha produzindo uma industrialização concentrada em uma área limitada do território nacional. Fruto dessa tomada de consciência foi a criação de órgãos de desenvolvimento regional, como a SUDENE, com a função precípua de introduzir elementos compensatórios da tendência concentradora que se vinha manifestando.

O centralismo dos governos militares fundou-se em uma visão do país que dava excessiva ênfase à idéia de segurança nacional. A política de "integração nacional", que teve no projeto extravagante da estrada transamazônica sua expressão mais caricatural, mostrou a que ponto de irrealismo pode conduzir o centralismo levado a extremos em um país de dimensões continentais.

Devemos reconhecer que o centralismo foi instrumental na fase de formação da nacionalidade e, até certo ponto, na de construção de um sistema econômico suficientemente integrado para que a tecnologia moderna fosse amplamente absorvida. Num país de baixo nível de renda, a fragmentação regional do mercado interno constituía sério obstáculo à formação de um sistema industrial.

Sem lugar a dúvida, o problema inicial foi o da fragilidade dos vínculos entre grupos de população espalhados em um vasto território, quase sempre relacionados autonomamente a centros econômicos do exterior. Inexistia base econômica em que fundar a unidade política. Mas o Estado brasileiro imperial, sendo uma prolongação do Estado português, manteve-se eqüidistante das regiões, valorizando os interesses comuns. O federalismo precoce, à semelhança do que foi ensaiado entre as províncias do istmo centro-americano, teria possivelmente inviabilizado o projeto de nação que justificou entre nós a permanência da Coroa portuguesa.

INTERNAÇÃO DO CENTRO DINÂMICO

Não se pode ignorar que essa missão histórica do federalismo está esgotada. Ela se cumpriu em sua plenitude quando as distintas regiões do país integraram-se em um só sistema econômico. A desorganização da economia primário-exportadora, ocorrida no decênio dos 30, direcionou as atividades produtivas para o mercado interno, conduzindo à interiorização do centro dinâmico da economia brasileira. As barreiras alfandegárias entre estados foram desmanteladas e um sistema viário foi construído para facilitar o intercâmbio entre regiões. E também foram feitas reservas de mercado dentro do país para produtos que antes se destinavam com exclusividade ao mercado externo, como a borracha da Amazônia e o açúcar do Nordeste.

Surgiu, assim, uma interdependência estrutural que favoreceu a região mais industrializada, que era São Paulo. Com efeito, os subsídios implícitos na política de câmbio e na de crédito, que constituíram o cerne da política industrial, beneficiaram de preferência a região que com mais dinamismo competia pela substituição das importações de manufaturas. Sem desconhecer os aspectos negativos das desigualdades regionais que se agravavam, não se pode ignorar que nessa época foi forjada uma sólida interdependência inter-regional.

A situação do Rio Grande do Sul apresentou certa singularidade, pois seus excedentes agropecuários encontravam tradicionalmente mercado em outras regiões. Ainda assim os vínculos foram aprofundados, pois muitas manufaturas antes importadas tiveram de ser obtidas dentro do país. A desvalorização cambial e a elevação de tarifas favoreceram a região na vanguarda da industrialização e a interdependência que se reforçava era acompanhada de concentração geográfica da renda. De toda forma, a industrialização apoiada no mercado interno deu origem a vínculos profundos entre regiões que antes mantinham entre si escassas relações econômicas. A unidade nacional já não se circunscrevia ao plano subjetivo, pois penetrava os interstícios da vida dos cidadãos.

Tido em conta esse dado, percebe-se que o centralismo político é, hoje em dia, uma redundância, pois contribui para agravar os notórios aspectos negativos do centralismo econômico.

A experiência tem demonstrado que os processos de integração econômica de regiões de níveis distintos de desenvolvimento produzem concentração de renda e de riqueza. A indústria moderna tem nas economias de escala uma de suas alavancas maiores. A isso cabe acrescentar o fenômeno das economias de complementaridade e o fato de que os investimentos públicos tendem a reproduzir o padrão dos privados. Como os salários industriais e dos serviços correlatos são relativamente altos, o processo de concentração geográfica da renda se auto-alimenta de forma ampliada.

CAPACIDADE CRIATIVA DA SOCIEDADE

Em economia de mercado só é possível deter as tendências estruturais ao centralismo econômico mediante ação política, a qual requer uma visão ampla do processo social. Somente a vontade política pode evitar que a difusão da racionalidade econômica venha transformar um tecido social diversificado num amálgama de consumidores passivos. E essa vontade política entre nós é inseparável do federalismo.

O problema institucional maior que se coloca à sociedade brasileira é exatamente esse de estimular a capacidade criativa em todos os segmentos, capacidade que entre nós tem raízes regionais. Não se pode ignorar que à sombra do centralismo enraizado nos longos períodos de governos ditatoriais o poder executivo foi ocupando mais espaço no campo das decisões substantivas, diluindo a ordem federativa. Grande parte dos dispêndios do governo federal já não decorre de autorização parlamentar, mas tem origem no arbítrio das autoridades administrativas.

O centralismo político significa entre nós prevalência do poder econômico e, por conseguinte, subordinação das regiões economicamente mais débeis aos interesses daquelas que assumiram a vanguarda do processo de industrialização.

Não basta restaurar formalmente a federação brasileira para restituir ao poder central eqüidistância com respeito às diferentes regiões do país. Essa insuficiência do quadro federativo tradicional já era evidente nos anos 50, quando discutimos as mudanças institucionais requeridas para conter o aprofundamento das desigualdades regionais que tinham sua expressão mais flagrante no empobrecimento do Nordeste.

Das discussões dessa época emergiram algumas idéias que foram incorporadas à lei que criou a SUDENE. A primeira delas refere-se à necessidade de que se instituam instâncias decisórias intermediárias entre os atuais níveis de poder estatal e nacional. O recorte político do território brasileiro, espelho que é de nossa história, deve sem dúvida ser preservado. Mas como ignorar que ele já não se coaduna com nossa realidade? As desigualdades demográficas e territoriais entre estados não são alheias às crescentes disparidades na qualidade de serviços essenciais prestados às populações. Os pequenos estados não alcançam a densidade mínima de recursos requerida para prestar adequadamente muitos desses serviços. E muito menos para exercer uma ação promocional efetiva no campo do desenvolvimento econômico.

O ESPAÇO DO PODER REGIONAL

A solução do problema que vimos de assinalar terá que ser buscada em novas formas de articulação entre poderes central e estadual, na linha do que foi tentado com a criação da SUDENE. Mais precisamente, numa regionalização do poder central, o qual não seria apenas delegado, mas passaria a encarnar uma efetiva vontade regional. A fórmula que se encontrou nos anos 50 não significou entorse para o quadro constitucional da época, pois consistiu na adesão voluntária dos governadores da região nordestina a um órgão deliberativo regional, que geria recursos do governo central. A articulação então encontrada dos poderes estadual e central permitiu que o novo órgão também participasse de decisões no âmbito nacional, de repercussão na região.

No caso de uma reformulação constitucional, não seria fora de propósito discutir a possibilidade de uma esfera regional de poder. A fórmula a ser encontrada deveria preservar os estados atuais e, mediante a inserção do poder regional, buscar corrigir os aspectos mais negativos das desigualdades demográficas e territoriais existentes.

A descentralização regional do poder central deveria ser acompanhada de um planejamento plurianual, que permitisse compatibilizar as aspirações das distintas regiões. Só o planejamento permite corrigir a tendência das empresas privadas e públicas a ignorar os custos ecológicos e sociais da aglomeração espacial das atividades produtivas. Com efeito, somente o planejamento permite introduzir a dimensão "espaço" no cálculo econômico. Este é um ponto importante, pois a distribuição espacial da atividade econômica leva, com freqüência, a conflitos entre regiões ou entre determinada região e um órgão do poder central.

Por último, convém não perder de vista que o revigoramento do federalismo na forma aqui referida requer, ao lado da plena restauração da autonomia estadual e do contrapeso de um poder regional, o fortalecimento da instituição parlamentar. Isso porque somente o poder que reúne os representantes do povo de todas as regiões pode dar origem a um consenso capaz de traduzir as aspirações dessas mesmas regiões em uma vontade nacional.

Formação Cultural do Brasil

Uma reflexão sobre as raízes de nossa cultura tem como referência inicial a vaga de expansionismo europeu do século XVI, interregno entre dois mundos ordenados: o da fé e o do conhecimento científico. Nenhum conceito é mais representativo do imaginário da época do que o de Fortuna, a incerteza que espreita o homem por todos os lados e estimula sua audácia.

Somos a criação de uma época em que o conhecimento fundava-se mais na compreensão do que na explicação das coisas, em que se confiava mais na analogia do que na lógica, em que se substitui a consciência de pecado pela idéia de dignidade humana.

Nessa época a criatividade cultural orienta-se para dois processos de particular relevo. O primeiro tem como ponto de partida nova leitura da cultura clássica e conduz à secularização da vida civil, ao neoplatonis-mo galileano que identifica o mundo exterior com estruturas racionais traduzíveis em linguagem matemática, à legitimação do poder pela eficiência. Essa autêntica revolução cultural abarca todas as manifestações da criatividade, estendendo-se dos estudos de anatomia, com Vesálio, aos de arquitetura, com Bramante.

A penetração do discurso racional se explica tendo em conta o avanço realizado nos dois séculos anteriores pela economia de mercado em detrimento das formas feudais de organização econômica e social. O cálculo econômico, que transforma a natureza em recurso produtivo e o homem em força de trabalho, reforça a visão racional do mundo exterior.

A segunda mutação cultural de grande poder germinativo se manifesta como deslocamento da fronteira mediante a abertura de linhas de navegação transoceânicas. Amplia-se, assim, a base do processo de acumulação na Europa, pondo em contato regular as grandes civilizações do Ocidente com as do Oriente. Um dos focos de onde parte esse segundo vetor conducente a intercâmbios planetários é Portugal. A cultura brasileira é um dos múltiplos frutos desse processo de expansão geográfica da civilização européia nos albores da era moderna.

O rápido avanço das fronteiras geográfica e econômica dos países atlânticos europeus foi a primeira grande vitória política em que pesou o avanço das técnicas. Durante três quartos de século os portugueses investiram em conhecimentos teóricos e práticos para se capacitarem a explorar terras longínquas com base em meios econômicos escassos. Tudo obedeceu a um *projeto* e nisso reside a extraordinária antecipação de modernidade. O esforço coordenado desdobrou-se em múltiplas frentes, dos estudos cartográficos ao de línguas exóticas, da construção naval de longo curso à da sobrevivência em climas tórridos.

Um projeto dessa grandeza somente pôde ser concebido e executado porque circunstâncias históricas particulares conduziram a uma aliança precoce entre a monarquia portuguesa, ameaçada pelo movimento unificador da Península, liderado pelos castelhanos, e a burguesia de Lisboa. Não é o caso de deter-se nesse tema tão bem estudado pelo historiador português Antônio Sérgio. Limitamo-nos a assinalar que foi relevante para a história européia o fato de o espírito de continuidade, característica dos governos monárquicos, ter sido posto a serviço de um ambicioso projeto de expansão comercial, cuja execução devia ser descentralizada, o que requeria a cooperação da classe mercantil. Essa experiência de associação de um poder político, cuja legitimidade não tinha raízes mercantis, com o espírito de empresa burguês serviu de modelo para a criação das companhias de comércio e navegação que surgiriam posteriormente na Holanda e na Inglaterra como instituições de direito privado mas exercendo funções públicas.

Essa articulação do Estado com grupos mercantis estará presente na ocupação, na defesa e na exploração das terras americanas que constituirão o Brasil. Houve, portanto, uma permanente preocupação de preservar e ampliar o patrimônio, a despeito dos altos custos incorridos na defesa de vastas áreas sem perspectiva de valia econômica.

Outra referência que ajuda a captar a gênese do ser cultural brasileiro é que os portugueses não foram apenas os dominadores mas também o único segmento da população que se manteve em contato com suas matrizes culturais, dela se realimentando. Em todo o período colonial os portugueses foram uma minoria em face da presença indígena, e mais ainda da africana que logo começou a fluir como força de trabalho. Mas o peso da minoria portuguesa na formação do que viria a ser a cultura brasileira é decisivo. Não apenas porque são senhores confrontando-se com escravos ou semi-escravos, mas também porque os portugueses partiram de um domínio de técnicas superiores e continuaram a alimentar-se de fontes culturais européias. Ora, os aborígines, assim como os africanos, foram isolados de suas matrizes culturais e, ao serem progressivamente privados da própria língua, perderam a identidade cultural.

Nos três séculos do período colonial gestou-se no Brasil um estilo cultural que, sendo português em seus temas dominantes, incorpora não apenas motivos locais mas toda uma gama de valores das culturas originais dos povos dominados. Antes de tudo cabe ter em conta que a apropriação e a exploração das terras brasileiras fizeram-se no quadro de empresas agroindustriais voltadas para a exportação. Contudo, os interesses mercantis que comandavam todo o processo econômico estão controlados por agentes metropolitanos, o que impediu a emergência no país de uma classe comerciante com consciência de seus interesses específicos e com participação significativa no sistema de poder.

À diferença de outros países da América Latina onde emergiu precocemente uma burguesia mercantil com certo grau de autonomia — o que explica os levantes de 1810 em Buenos Aires, Caracas e Cidade do México —, no Brasil as atividades mercantis de algum vulto permanecerão sob estrito controle português, mesmo no período que se segue à Independência. O desdobramento da Coroa em 1822 foi obra de homens como José Bonifácio de Andrada e Silva, com larga experiência de funções na alta administração portuguesa.

A persistência dos traços dominantes da matriz cultural original explica-se pela estabilidade do sistema de dominação social latifundiário-burocrático. Na ausência de uma classe mercantil poderosa tudo dependia da Coroa e da Igreja. O processo de criação cultural é balizado por essas duas instituições.

O ciclo barroco brasileiro, cuja manifestação mais forte é a integração da arquitetura com a música e a pintura ocorrida no século XVIII em Minas Gerais, constitui quiçá a última síntese cultural no espírito da

Europa do pré-Renascimento. Sua temática e seu poder morfogenético derivam da mesma visão do mundo que nutriu os pintores flamengos do Quatrocentos e da primeira metade do Quinhentos. Essa foi a época da primazia dos valores religiosos.

Com o humanismo abre-se na Europa um processo criativo multifacetado que virá a produzir uma nova visão global do homem conhecida como o Romantismo. O dinamismo do novo quadro cultural reflete o fundo móvel de uma sociedade competitiva na qual a criatividade tecnológica emerge como recurso de poder dominante.

O quadro histórico em que se forma o Brasil — articulação precoce do Estado com a classe mercantil e total domínio da sociedade colonial pelo Estado e pela Igreja — congela o processo cultural em estágio correspondente à Europa pré-humanismo. Alguma razão assistia àqueles que qualificaram o Aleijadinho de último grande gênio da Idade Média.

Cabe assinalar que, à semelhança da síntese medieval européia, o barroco brasileiro se integrava ao conjunto da sociedade. Sua mensagem atingia senhores e escravos. Mas não se pode desconhecer que a contrapartida desse desempenho foi o crescente distanciamento de uma Europa em rápida transformação tecnológica. A cultura brasileira, não obstante sua criatividade, entrara em uma pista falsa.

O atraso cultural acumulado pelo Brasil no período pós-barroco não se explica sem se ter em conta as mudanças ocorridas no contexto maior em que estava inserido o país. A Revolução Industrial que irrompe na Europa no último quartel do século XVIII constitui autêntica mutação no processo acumulativo subjacente à atividade social. Até essa época a acumulação não absorvia mais do que pequena fração do produto social e tinha lugar, via de regra, fora das atividades produtivas.

A mecanização e o uso de novas fontes de energia abriram a porta a aumentos consideráveis na produtividade do trabalho e ao crescimento do excedente, fatores que levaram a intensificar o investimento e a diversificar os padrões de consumo.

Os dois fatores que viabilizaram o desenvolvimento das forças produtivas foram o incremento da produtividade do trabalho social e a diversificação do consumo, vale dizer, o avanço tecnológico nos procedimentos produtivos e na concepção dos bens e serviços de consumo final. A divisão internacional do trabalho evoluiu no sentido de isolar esses dois processos. Um país que se especializasse na produção agrícola para a exportação teria, ainda que de forma limitada, acesso aos frutos do avanço tecnológico sob a forma de novos bens de consumo, sem ter que investir para elevar a produtividade física do trabalho. As vantagens comparativas estáticas criadas pela especialização — únicas reconhecidas pelos teóricos clássicos do comércio internacional — e o acesso a um mercado externo em expansão davam origem a um excedente que permitia pagar os bens de consumo sofisticados que estavam penetrando no mercado internacional. Foi o que se chamou de *modernização dependente*: utilização do excedente gerado pela exportação de produtos primários e retidos localmente. Foi esse incremento de renda que permitiu ao Brasil reproduzir os novos padrões de comportamento.

A modernização dependente engendrou tipos de comportamento imitativo, forma de *bovarismo*, à diferença do ocorrido na Europa, onde novo processo criativo de visão do mundo emergiria com o Romantismo.

O distanciamento entre elite e povo será o traço marcante do quadro cultural que emergirá como forma de *progresso* entre nós. As elites, como que hipnotizadas, voltam-se para os centros da cultura européia. O povo era reduzido a uma referência negativa, símbolo do *atraso*, atribuindo-se significado nulo à sua herança cultural não-européia e negando-se valia à sua criatividade artística. O indianismo de um Carlos Gomes ou de um José de Alencar, ao revestirem os homens da terra de valores que lhes são culturalmente estranhos, traduz em realidade a rejeição dos valores do povo verdadeiro.

Desprezados pelas elites, os valores da cultura popular procedem seu caldeamento com considerável autonomia em face da cultura das classes dominantes. A diferenciação regional do Brasil deve-se essencialmente à autonomia criativa da cultura de raízes populares.

A descoberta, buscada ou casual, do país real pelas elites, no século XX, é fato cuja importância dificilmente se poderia exagerar. Muitos foram os fatores intervenientes de origem interna ou externa. O semi-isolamento provocado pelos conflitos mundiais e a crise da economia primário-exportadora, que conduzem a uma industrialização tardia apoiada exclusivamente no mercado interno, constituem a tela de fundo do processo histórico. A crescente influência da economia norte-americana, impulsionando uma cultura de massas dotada de meios extraordinários de difusão, opera como fator de desestabilização do quadro cultural fundado na dicotomia elite-povo.

Com o avanço da urbanização a presença do povo torna-se mais visível, fazendo-se mais difícil escamotear sua criatividade cultural. A emergência de uma classe média de crescente peso econômico introduz elementos novos na equação cultural brasileira.

A classe média forma-se no quadro da modernização dependente e da industrialização que segue a linha da substituição de importações. Contudo, a maioria de seus membros está demasiado próxima do povo para ignorar o significado cultural deste. Demais, o caráter de massa da cultura de classe média faz que suas relações com o povo sejam, não de exclusão, como era o caso das elites bovaristas, e sim de envolvimento e penetração. A ascensão da cultura de classe média marca o fim do isolamento cultural do povo mas também assinala o começo da descaracterização de sua força criativa.

Uma visão panorâmica do processo cultural brasileiro neste final de século revela, num primeiro plano, o crescente papel da indústria transnacional da cultura, instrumento da modernização dependente. Num segundo plano, assinala-se a incipiente autonomia criativa de uma classe média assediada pelos valores que veicula essa indústria, mas conservando uma face voltada para a massa popular. Em terceiro plano, perfila-se o povo sob ameaça crescente de descaracterização. A emergência de uma consciência crítica em segmentos das elites cria áreas de resistência ao processo de descaracterização. Uma nova síntese depende da consolidação dessa consciência crítica.

O processo de globalização da cultura tende a acelerar-se. Ao mesmo tempo, todos os povos aspiram a ter acesso ao patrimônio comum da humanidade, o qual se enriquece permanentemente. Resta saber quais são os povos que continuarão a contribuir para esse enriquecimento e quais aqueles que serão relegados ao papel passivo de simples consumidores de bens culturais adquiridos nos mercados. Ter ou não ter acesso à criatividade, eis a questão.

Mensagem aos Jovens Economistas

As origens do desafio – Pensar o Brasil foi o desafio que sempre guiou minha reflexão. Muito cedo, ainda na adolescência, vieram-me ao espírito questões como: por que certas regiões brasileiras parecem condenadas à miséria em um país com tanta riqueza potencial? Cabia aceitar as doutrinas fatalistas do século XIX que atribuem ao clima e à raça nosso atraso? Pelas minhas origens, eu partia de uma visão do Brasil diferente da que se tem aqui em São Paulo. Quando nasci, o sertão da Paraíba ainda era assolado pelos cangaceiros, pelo banditismo. Os grandes fazendeiros eram as únicas autoridades. Para mim a idéia de poder estava ligada à de arbítrio e abuso. Fui criado vendo a violência desenfreada com que se tratavam as pessoas, e a miséria reinante.

A região passara recentemente pela Guerra de Canudos, uma guerra de fanáticos cujas causas nos escapavam. Foi na verdade uma explosão de inconformismo, massacrada da forma trágica que todos conhecem. Em minha infância ainda se falava disso. Parentes meus participaram dessa guerra e me contavam as histórias mais horripilantes. Nessa mesma região havia também o padre Cícero, que era um fanático de outro tipo e tinha apoio da classe média. Ele induzia as pessoas a atos que hoje nos parecem fantasistas.

Marcou-me também a Revolução de 30, que se manifestou de forma muito especial na Paraíba, um dos poucos estados do Brasil e o único do Nordeste a ficar ao lado da Revolução. O líder que lá estava despertava outro tipo de fanatismo: João Pessoa — que deu nome à capital — era um iluminado e conseguiu uma mobilização popular enorme. Eu era criança e via pelas ruas aquela massa de população dedicada ao culto de João Pessoa. Esse homem foi assassinado brutalmente, por coincidência no dia em que eu completava dez anos. Isso marcou minha vida no sentido de que o meu compromisso com o povo ou com os que sofrem tem raízes muito profundas.

Uma perspectiva mais ampla – O primeiro tema que desejo abordar é a necessidade de uma visão mais ampla dos problemas sociais. Prevaleceu nas ciências sociais a tendência à especialização e ao tecnicismo, amarrando-as a esquemas formais. Isso limita o uso da imaginação em ciências que, ao contrário das exatas, nem sempre estão submetidas a métodos rigorosos, susceptíveis de comprovação. As ciências sociais devem ser um processo aberto de criação porque a sociedade é algo que os homens não param de refazer. O mundo que o homem cria é sempre novo, pois não há ciência que abarque o que está em gestação. O desafio que enfrentamos nas ciências sociais é o de abordar problemas que ainda estão se formulando e elaborar métodos para abordá-los. Tive muito cedo a intuição de que não é possível ser cientista social sem uma visão de conjunto dos processos, que é dada pela História. Apaixonei-me por esse tema, foi meu primeiro campo de estudo. Pensava em ser historiador. A *Formação econômica do Brasil* revela essa vocação inicial.

TATEANDO NA BUSCA DO SUBDESENVOLVIMENTO – A experiência que vivi na CEPAL, integrando-me ao seu núcleo fundador em 1949, foi muito enriquecedora porque me permitiu ampliar meu horizonte de observação. Coube-me reunir a informação quantitativa relativa à situação das principais economias latino-americanas. As dificuldades foram consideráveis, dada a precariedade das estatísticas. Inventamos conceitos novos a fim de medir aproximadamente o produto nacional. Isso significava reunir índices de produção física de bens, nos setores industrial e agropecuário. Havia indicadores dos preços relativos referentes às importações. Com esses ingredientes criamos o conceito que se chamou de "capacidade para importar", ligando os termos de intercâmbio ao *quantum* das exportações. Já o conceito de "disponibilidade de bens" nos levou a medir o produto nacional de uma forma indireta. Medi o produto nacional do Brasil pela primeira vez e o de outros países da América Latina de forma aproximativa. Eram poucos os países que dispunham de dados sobre a renda nacional. Entre nós, só havia um cálculo de produção industrial. Mas, graças a essas informações precárias, descobri que o Brasil era uma economia atrasada na América Latina. Particularmente na área industrial.

Eu tinha do Brasil uma idéia bem distinta. Achava que o nosso era um país grande, com recursos naturais abundantes, e uma população considerável. Por que o Brasil acumulara tanto atraso? A Argentina estava muito à frente, em produção agropecuária e também em produção industrial e tecnologias modernas. A renda *per capita* era várias vezes a do Brasil. Chile e México também estavam muito à frente. Que havia de errado com o Brasil, país de tantos recursos? O fato é que ainda prevaleciam no Brasil as teorias do século XIX. Havia quem acreditasse que a raça era inferior, que a mestiçagem era degradante e que o clima era inadequado para o progresso. Eram as idéias que circulavam para explicar o atraso do país.

UMA VOCAÇÃO INDUSTRIAL NÃO APROVEITADA – Fui me interrogando sobre o tema. Para explicar essa realidade cruel, havia que voltar-se para a história, para as estruturas sociais e a inércia das forças políticas e sua incapacidade de formular um projeto nacional. E foi aprofundando a perspectiva histórica que comecei a perceber as peculiaridades da economia brasileira. Seu dinamismo ocasional dependia de impulsão externa gerada pelas exportações de uns poucos produtos primários. Dizia-se que este era um país "essencialmente agrícola". Seria uma economia "reflexa", conforme as palavras do professor Eugênio Gudin, universalmente reconhecido como a maior autoridade em economia do país.

Elaborei então séries históricas que permitiriam acompanhar o comportamento da economia brasileira desde a Primeira Guerra Mundial. Ao observar os dados relativos aos anos 30, fiz constatações significativas. Indicavam que o Brasil tivera um comportamento atípico na época da crise. A tal economia "reflexa", ou seja, sem vontade própria, na verdade andara sozinha e começara a reagir desde 1932. Nesse ano, o produto interno já tinha crescido para recuperar quase tudo o que fora perdido de 1929 a 1930.

Vou contar a vocês uma pequena história sobre essas observações. Alguns anos mais tarde, Raúl Prebisch e eu estávamos no Brasil e encontramos o dr. Oswaldo Aranha, que fora ministro da Fazenda na época da crise. Era um homem inteligente e brilhante. Ele me disse que havia lido um artigo meu e comentou: "Celso, eu tinha uma consciência de culpa muito grande por ter mandado queimar café. Mas você provou que a queima de café foi a coisa mais positiva que se fez no Brasil". Na verdade, o Brasil tivera uma política anticíclica, embora não deliberada, antes que se houvesse teorizado sobre isso.

O que acontecera? Com o colapso dos preços dos produtos primários, particularmente os do café, o valor das exportações brasileiras fora cortado pela metade. E em 1932, com a Revolução Constitucionalista de São Paulo, o governo federal pareceu desarmado e decidiu ajudar os agricultores paulistas, comprando todo o café para queimar. Foi a maior fogueira do mundo: durante dez anos 80 milhões de sacas de café foram incineradas. Isso equivalia várias vezes à renda nacional. Mas foi essa destruição que criou o fluxo de renda, que é o que se chama de demanda efetiva. E esse fluxo de demanda sustentou a economia, que começou a andar sozinha. E se andou sozinha foi porque utilizou a capacidade ociosa existente. E por que a economia tinha capacidade ociosa? Percebi que a política brasileira era de tal forma orientada para favorecer os interesses do comércio internacional que não permitia que o país usasse a capacidade produtiva existente, por temor à inflação. A situação era similar à atual: crescimento zero por temor à inflação. A preocupação com a moeda era na realidade temor de não poder pagar a dívida externa. O país não utilizava a capacidade produtiva instalada. Isso era bem claro na indústria têxtil, cuja produção declinou no correr do decênio dos anos 20, de grande prosperidade mundial.

O fato é que não havia política de desenvolvimento no Brasil, e tampouco consciência do que se passava. O Brasil era um país de vocação industrial reprimida, por incapacidade de sua classe dirigente. Essa vocação se manifestou quando eclodiu a Segunda Guerra e o país pôde crescer apoiando-se no mercado interno. Nosso país revelou então uma autonomia de crescimento e durante trinta anos foi a economia mais dinâmica do Terceiro Mundo. Ultrapassou de longe, em industrialização, todos os outros países da América Latina. Havia potencial, o que não havia era política, o que demonstra a importância desta em um país em construção. Quando finalmente acordou para essa realidade, no último governo Vargas, o Brasil deu um salto à frente e durante um quarto de século foi uma das economias mais dinâmicas do mundo.

Foi após todos esses anos de reflexão sobre o nosso país que escrevi, em 1958, a *Formação econômica do Brasil*, onde sintetizei essas idéias. É dos meus livros o mais traduzido, o mais conhecido. Pode ser lido como história, mas é fundamentalmente de análise econômica. Dei-me conta da veracidade das palavras do clássico que afirmou: a anatomia da sociedade é a economia.

COMO FOI A INDUSTRIALIZAÇÃO BRASILEIRA – A industrialização brasileira foi uma das mais bem-sucedidas do mundo, sendo hoje o país um dos dez maiores sistemas industriais. Fundou-se no princípio de que o essencial é apoiar-se no mercado interno potencial. Ninguém pensava em buscar tecnologia mais sofisticada para criar desemprego. As indústrias automobilísticas se instalaram no Brasil com tecnologia já de segunda mão. Lembro-me de que a Willys, que veio para o Brasil nos anos 50, trouxe primeiramente um equipamento já usado nos Estados Unidos durante a Segunda Guerra. Tivemos uma industrialização intensiva em mão-de-obra, o que, obviamente, não foi critério definido por nenhuma multinacional. No geral todos os investimentos feitos aqui foram rentáveis e fizeram o país progredir. Hoje em dia é que surgiu esse preconceito de afirmar que a criação de emprego não tem importância. Recentemente, o governo financiou, pelo BNDES, um plano siderúrgico que foi fundamentalmente um plano de supressão de emprego, reduzindo em 40% o emprego na siderurgia brasileira, não para aumentar a produção, mas só para aumentar a produtividade. O mercado interno deixou de ser a bússola.

Quem pensa em desenvolvimento de um país do Terceiro Mundo tem que maximizar as vantagens relativas próprias, e entre essas vantagens está a mão-de-obra barata. A diferença é que a mão-de-obra asiática é mais bem preparada do que a nossa. Vejam um país como a Coréia. Começou investindo em mão-de-obra. Só depois é que investiu em capital fixo. O Brasil também começou sua industrialização recorrendo à mão-de-obra intensiva. O que podemos indagar é: por que mudou de estratégia? Não terá sido porque as empresas internacionais assim decidiram? Será que o mundo todo faz a mesma coisa?

REFLEXÕES SOBRE O PLANEJAMENTO – Queiramos ou não, o planejamento foi a grande invenção do capitalismo moderno. Ao estudar administração, li diversos autores americanos que explicavam que a empresa que cresce precisa de planejamento. Esta é um técnica fundamental para a ação racional. Significa ter referências com respeito ao futuro, portanto, usar a imaginação para abrir espaço. Quando cheguei à França para fazer doutoramento, em 1948, conheci uma experiência muito bonita de planejamento: a que os franceses chamaram de planejamento indicativo. Eles criaram um sistema de planejamento formal, bem estruturado, bem concebido. Anos depois, eu participaria de muitas reuniões com eles sobre o tema. Mas naquele momento admirou-me ver que uma economia capitalista avançada só poderia se recuperar das chagas da guerra recorrendo ao planejamento. O "planejamento indicativo" francês consistia em mobilizar toda a sociedade para discutir os objetivos de interesse global; depois, o financiamento era estipulado em função das possibilidades do país e da sua capacidade de endividamento externo.

Interessei-me também pelo planejamento russo, que era o caso clássico, ao ler Strumiline. Na CEPAL, fui seu primeiro chefe da Divisão de Planejamento. O primeiro manual de técnica de planejamento das Nações Unidas foi feito sob minha direção. Era um terreno completamente novo e muito importante para os países do Terceiro Mundo. Os franceses diziam que o planejamento era necessário para resolver os problemas causados pelas destruições da guerra. Eu acrescentava dizendo que o subdesenvolvimento era uma espécie de devastação. Portanto, para superá-lo necessita-se de planejamento. O mercado sozinho não pode resolver o problema. Não é capaz de mudar as estruturas, o que é fundamental. Mas qualquer planejamento deve ser aplicado em função do quadro político. Ou seja, os objetivos são definidos pela sociedade; ali onde esta adotou o socialismo, eles foram definidos de uma forma; ali onde havia o capitalismo — como na França —, eram definidos de outra maneira.

Creio que, hoje, o que se perdeu — e isso é o mais grave — é a idéia de apelar para o planejamento. O homem sempre age a partir de hipóteses. Qualquer um de nós formula hipóteses com relação ao futuro de sua vida. Uma empresa precisa mais ainda formular essas hipóteses, e quanto mais complexa é a situação, maiores são os riscos. No caso de um país, a coisa se agrava. A técnica de planejamento que criamos na CEPAL serviu ao governo de Juscelino Kubitschek para fazer o Plano de Metas, o mais importante que o Brasil teve, pois foi a única vez em que o país teve uma política industrial deliberada, racional e ampla. Falhou, porém, no esquema de financiamento, insuficientemente estudado. Roberto Campos, quando foi ministro do Planejamento, seguiu essas mesmas técnicas que nasceram na CEPAL, só que seu plano para o governo militar tinha objetivos sociais distintos.

Algo é fundamental: o planejamento não deve destruir as raízes da criatividade. Existe esse risco, pois planejar é impor uma racionalidade que será assumida por todos. Tal perigo se materializou na União Soviética, onde o sistema cristalizou, endureceu, perdendo toda a capacidade de renovação. Seja qual for seu nível de desenvolvimento, uma sociedade só se transforma se tiver capacidade para improvisar, inovar, enfrentar seus problemas da maneira mais prática possível, mas numa perspectiva racional.

Se o Brasil moderno se criou, se teve uma industrialização tão avançada e complexa, foi porque adotou a técnica de planejamento. O BNDES nasceu nesse prisma. Fui um dos diretores desse banco que estabeleceu as bases do planejamento da ação pública. Um banco de desenvolvimento coleta recursos da sociedade. Portanto, só se justifica se aplicar esses recursos com mais racionalidade que o mercado. Assim, o planejamento aumenta a eficácia do Estado. Minha convicção é que uma economia subdesenvolvida como a do Brasil necessita de um planejamento. Uma economia rica, como a da Suíça, talvez não precise de planejamento global, pois as situações se acomodam e o mercado resolve o essencial. Mas numa economia como a brasileira, que tem imenso atraso acumulado, desequilíbrios regionais e setoriais, e um potencial enorme de recursos não utilizados, abandonar a idéia de planejamento é renunciar à idéia de ter governo efetivo.

Pensar que o mercado vai substituir o Estado é uma ilusão. São as grandes empresas que têm planejamento próprio que vão comandar o processo social, em função de objetivos que nos escapam. As empresas têm uma lógica própria, que eu respeito: é a lógica do complexo multinacional, que age no quadro de sistemas jurídicos diversos, trata de maximizar vantagens atravessando fronteiras e ignora a racionalidade própria de cada país. Como bem notou o Jorge Caldeira, o quadro em que se estabelece a racionalidade é político. Por isso a economia deve ser vista como um ramo da ciência política.

O ATRASO SOCIAL E A AÇÃO DA SUDENE – A partir dos anos 60, como responsável pela política de desenvolvimento do Nordeste, percebi que os problemas mais graves não são os de natureza econômica, e sim social, ligados às estruturas de poder. Por alguma razão, o verdadeiro desenvolvimento esteve sempre marcado em sua fase inicial por reformas agrárias e patrimoniais. O Brasil conheceu um período de excepcional crescimento econômico, mas a progressiva concentração da renda e da riqueza tem feito que a proporção dos excluídos desse crescimento também seja progressiva, o que fragiliza sua estrutura social.

O Brasil tem muitas possibilidades, mas certas facilidades acabam se transformando em problemas. Por exemplo, a população crescia em uma região e podia imigrar para outra, o que aliviava a pressão social. As pessoas ficavam satisfeitas em melhorar de vida mudando de região. Assim aconteceu com os nordestinos que vieram para São Paulo. Mas essa capacidade de acomodação criava dificuldades. O problema agrário da região só não se agravava na época da seca porque, quando esta surgia, apelava-se para medidas de emergência.

Vendo o Nordeste de perto como superintendente da SUDENE, desde que a criei em 1959 até o golpe militar de 1964, percebi que ou se mudava a estrutura de forma radical ou o crescimento agravaria as deformações sociais. Impressionou-me ver que a estrutura agrária ali era a mais anacrônica que eu conhecera mundo afora. Era o problema mais grave da região. A solução mais simples e imediata era transportar parte da população do semi-árido para as fronteiras úmidas, fossem no sul da Bahia, fossem no Maranhão, onde havia terra disponível. Começamos a abrir frentes de colonização no Maranhão. Transportamos cerca de 100 mil pessoas para a fronteira amazônica do Maranhão. A idéia era transformar o semi-árido do Nordeste em uma região em que a população tivesse de apelar para técnicas mais sofisticadas do *dry farming*, a exemplo do que ocorrera nos Estados Unidos.

A seca é um fenômeno que se manifesta em muitas partes do mundo. Nessas áreas, a criação de emprego é limitada, e os investimentos requeridos são elevados. A água disponível tem que ser muito bem aproveitada. Há que maximizar as possibilidades de irrigação, o que tentei fazer no Nordeste. Mas fracassei ao tentar obter do Congresso uma lei de irrigação. Fizéramos um projeto de lei para que todo o investimento público em irrigação fosse precedido de desapropriação de terras para colonização, promovendo a emergência de agricultores mais aptos a assimilar novas técnicas. Diziam que os militares estavam contra nós, na verdade nos ajudaram nesse ponto, mas os governadores de alguns estados importantes como o Ceará fizeram oposição e bloquearam o projeto no Congresso Nacional.

Assim, não se permitiu que o dinheiro público fosse utilizado para transformar a estrutura agrária. E percebi que o problema social iria se manter de pé. E se manteve até hoje.

Outra frente em que trabalhamos foi a do São Francisco. A usina de Paulo Afonso já estava em funcionamento; por que não utilizar as águas abundantes do rio para irrigação? Contratei um grupo de especialistas das Nações Unidas, com franceses que conheciam problema similar na África, e israelenses. Todos eram otimistas, mas foi preciso fazer *falar os solos*, como dizem os especialistas. Durante dois anos fizeram estudos minuciosos de pedologia e descobriram que eram necessárias correções químicas, embora os solos fossem muito fecundos. Desapropriamos dois mil hectares para um trabalho experimental. Começamos a plantar e os resultados foram magníficos. Hoje em dia são 80 mil hectares irrigados, o que mudou completamente a fisionomia da região. Portanto, o problema da irrigação estava ao alcance da mão, era só ter disposição para enfrentá-lo. Mas era necessário uma lei de irrigação prévia que possibilitasse desmantelar os latifúndios. Isso porque irrigando os latifúndios — com as águas barradas em açudes —, o benefício é muito pequeno. As terras não são usadas para a agricultura, mas conservadas para uma pecuária extensiva.

Na luta pelo Nordeste, fracassei com respeito ao

social, problema que o Brasil não estava preparado para enfrentar. Como não está ainda hoje. Tive uma vitória significativa com a industrialização. Graças aos incentivos fiscais, o Nordeste cresceu mais que o resto do Brasil, reduzindo-se a distância com respeito às outras regiões. Quando comecei a trabalhar no Nordeste, a renda *per capita* do nordestino correspondia a 40% daquela do brasileiro médio. As estatísticas mais recentes apontam que a renda *per capita* do nordestino já representa 60% da renda média *per capita* do brasileiro. Pode-se dizer que houve uma mudança qualitativa e que foi uma vitória. Mas uma vitória capenga.

OS ADVERSÁRIOS PRIVILEGIADOS – Muitos nordestinos aqui presentes sabem, como o professor Cleber de Aquino — que é muito jovem, mas viu isso de perto —, o que se passou na época em que estive à frente da SUDENE. Parafraseando Chateaubriand, que detectava três espécies de inimigos do cristianismo, posso dizer que também enfrentei três forças adversárias que se organizaram e foram atuantes. A primeira foi a que chamamos de "indústria da seca". Era corrente o argumento do "ajuda o teu irmão", uma forma de pedir esmola ao Brasil para a população nordestina, canalizando assim dinheiro para a região. E a indústria da seca daí resultante dificultou muito o nosso trabalho, combatendo-nos diretamente. O senador que mais nos criticou — Argemiro de Figueiredo, do meu estado da Paraíba — dizia no Senado: "Precisamos nos defender contra esse astuto bolchevista". Outro grupo foram os beneficiários dos latifúndios, que barraram o projeto de lei de irrigação, por exemplo. Finalmente, havia a classe política, que tende a ser atrasada e sempre demora muito a perceber as mudanças importantes que ocorrem no país. Os políticos nordestinos nos combateram duramente, e enfrentei-os apoiando-me nas forças políticas do Sul. Um jornal como o *Estado de São Paulo* me apoiou decididamente na questão da SUDENE. Percebiam que a tragédia nordestina era uma calamidade para o Brasil, e compraram uma boa consciência apoiando a causa da SUDENE.

A grande batalha foi no fim do governo Juscelino Kubitschek. O presidente me apoiara sempre e, quando surgiu uma campanha acirrada contra mim no Congresso Nacional, liderada por políticos nordestinos, ele me deu acesso aos arquivos e fichários da Polícia Federal. Pude então conhecer as sandices que os serviços secretos arquivavam sobre alguém. Minha astúcia esteve em manobrar entre essas forças e maximizar alianças nesse labirinto que é a política brasileira. Mas fiquei curado, e já não me meti em coisa parecida.

A GLOBALIZAÇÃO – A formação de um sistema econômico mundial é processo antigo, anterior à Revolução Industrial de fins do século XVIII e começo do XIX. Que não se pense que a globalização nasceu ontem. Mas o processo sofreu importante mutação na segunda metade do século XX com a emergência das empresas transnacionais como principais agentes organizadores das atividades produtivas. A racionalidade econômica, que antes se definia no espaço nacional, passou a refletir parâmetros que independem de um quadro político definido. É importante ter isso em conta. O Estado-nação foi instrumento fundamental da criação do mundo moderno e é esse Estado-nação que está em crise. A racionalidade econômica era definida pela macroeconomia dentro do espaço nacional. Hoje em dia o espaço é indefinido porque as economias se globalizaram e os sistemas produtivos se interligaram, estão imbricados uns nos outros. Isso é um problema novo e complexo.

O conceito de produtividade social perdeu nitidez, assim como a idéia de sistema econômico nacional. A visão macroeconômica é substituída pelo enfoque dos mercados. E o alcance das políticas públicas se reduz a muito pouco. A idéia de solidariedade social perde seu fundamento econômico.

É contra esse pano de fundo que se deve aferir a significação da globalização dos sistemas produtivos e das atividades financeiras. Trata-se de dois processos distintos que se alimentam da mesma fonte de inovações tecnológicas. Isso se explica em parte pelo enfraquecimento das forças sociais decorrente do desemprego estrutural generalizado. O ponto fundamental para entender o que se passa no mundo de hoje é que o desenvolvimento da sociedade moderna, ou, se preferirmos, da sociedade capitalista moderna, foi baseado em uma espécie de dialética de conflito, o que Marx chamou de luta de classes como motor da história. A história do capitalismo é uma história de luta de classes. É aí que se geram as forças renovadoras. À primeira vista, uma greve parece algo negativo, mas foram as greves que permitiram às sociedades européias se transformarem e se modernizarem. Além disso, todas as grandes economias modernas se formaram sob o sistema de proteção, sendo os Estados Unidos o exemplo clássico. Era o protecionismo que definia a solidariedade social. Todos os que estavam dentro do sistema protegido eram beneficiados.

Ora, essa engrenagem se quebrou. Hoje em dia o protecionismo perdeu eficácia. Portanto, tem mais força quem tem mais tecnologia. As empresas estão passando na frente, nelas está concentrado o poder. Já não se ouve falar de sindicatos, nem mesmo na Europa. Não há mais movimento social. Os operários, os trabalhadores têm pânico de perder o emprego porque a resposta da tecnologia é poupar empregos, é anular postos de trabalho. Surgiu uma temática nova, que é a da globalização. É preciso vê-la como um desafio.

A abundância de mão-de-obra barata e subempregada que existe no Terceiro Mundo permite às empresas transnacionalizadas aumentar sua competitividade nos seus mercados de origem. Portanto, o que está acontecendo é um processo de relocalização de atividades produtivas, com concentração de renda em escala planetária. São os interesses das grandes empresas que estabelecem os parâmetros de racionalidade, atropelando em muitos casos o interesse nacional.

O segundo vetor do processo de globalização — o sistema financeiro — restringe ainda mais a governabilidade dos sistemas políticos. A massa de liquidez que flutua sobre a economia internacional constitui uma ameaça permanente à estabilidade das economias nacionais, mesmo das nações mais poderosas. Os Estados Unidos são os principais beneficiários dessas tensões, pois o essencial da liquidez internacional são depósitos em dólares. Esse é um problema muito mais sério, porque escapa a qualquer controle do Estado nacional e mesmo das agências internacionais. O sistema produtivo ainda pode ser mantido sob certos controles, mas não o sistema financeiro e monetário internacional.

Países como o Brasil, que tinham um governo bastante eficaz e eram conhecidos por seu Estado que tradicionalmente definia os interesses próprios, hoje em dia não podem ter política. O que fazer? Proteger-se contra a transnacionalização? Ser contra os novos investimentos? O desafio que a geração de vocês terá de enfrentar é muito grande, porque as soluções só surgem numa sociedade quando existem forças empenhadas nisso. Daí a importância de ter-se uma classe industrial como a que tivemos no passado, que se interesse pela inovação e que leve o Estado a ter uma política industrial. Os setores petroquímico, siderúrgico e outros básicos foram instalados no Brasil com apoio do Estado. Este esteve por trás da construção do Brasil. Hoje passou a dominar a idéia de que o Estado é um trambolho. Mas, sem o Estado, o que fica? O mercado. E qual é a lei do mercado? É a lei do mais forte, a dos mais poderosos, a do grande capital. Esta é a realidade que vocês estão vivendo. Este é o desafio a que vocês devem responder.

A INSTABILIDADE MACROECONÔMICA NO MUNDO GLOBAL – O aspecto da globalização que se caracteriza pelo entrosamento dos sistemas produtivos leva a uma organização em escala mundial. Por exemplo, hoje várias empresas européias vêm se instalando fora de seus respectivos países. A outra globalização, a financeira e monetária, é dominada pelo capital especulativo, que está localizado em qualquer lugar, mas de preferência em paraísos fiscais. É um capital que não tem cara, só pensa a curto prazo e pesa enormemente na utilização dos fundos de pensão, que são hoje uma das principais fontes de liquidez internacional. Esses fundos são administrados por funcionários, e não pelos grandes capitalistas do passado. E esses funcionários querem maximizar vantagens a curto prazo, porque podem perder o emprego amanhã e querem ganhar dinheiro logo. Trata-se de trilhões de dólares que são manipulados a curtíssimo prazo. Para essa gente, o Brasil tornou-se um negócio pouco seguro, daí que eles tratem de deixar o país. Do dia para a noite podem escapar 10 bilhões de dólares. Quando o país acordar, a situação já é outra. É um mundo novo que está se criando.

Quanto ao sistema de produção, é muito difícil barrar o entrosamento, pois ele é ditado por uma tecnologia que favorece as grandes empresas. Nos Estados Unidos há empresários entusiasmados com a integração com o México, porque neste país de 90 milhões de habitantes a mão-de-obra custa menos de um décimo da norte-americana. Já os sindicatos estão revoltados, mas não conseguem salvar muitos empregos. Curiosamente, os Estados Unidos têm um capitalismo aberto mas sem mobilidade de mão-de-obra, pois não permitem imigração. No Brasil ocorre o mesmo. Grande parte dos automóveis fabricados no Brasil destinam-se ao mercado externo.

Não é mais possível desfazer esse processo, mas é possível começar a disciplinar o capital financeiro e o capital monetário. Na Europa há dirigentes que pregam uma articulação dos bancos centrais. Mas os bancos centrais já não têm peso suficiente, a massa de recursos financeiros que se deslocam é imensa, tem que haver outra forma de abordar o problema. É preciso voltar a algum mecanismo que corresponda ao que foi no passado o controle de câmbio, para identificar esses capitais, reduzindo sua mobilidade. No Brasil tem-se pouca consciência disso. É um problema de solução difícil.

Liberalismo e privatizações – Os resultados da política de privatizações implantada nos últimos anos no Brasil variam muito de setor para setor. No das telecomunicações, é importante dizer que nunca ninguém tocou no essencial: a empresa era eficiente ou deficiente? Havia empresas da Telebrás muito eficientes, o que as internacionais sabiam, e outras ineficientes. Portanto, havia espaço para crescimento. É muito possível que grupos privados nacionais pudessem realizar parte dessas melhorias, liberando-as da pressão política. Mas o governo não levou em conta todos os aspectos do problema. Mais grave: as privatizações feitas pelo governo nos últimos quatro anos criaram compromissos permanentes com o estrangeiro, de remessa de lucros. Ninguém discutiu essa opção. E pergunto: o Brasil, endividado do jeito que está, pode se dar ao luxo de assumir compromissos externos crescentes sem prazo fixo, como os criados pelas privatizações?

Há ainda um outro aspecto: para a empresa que maximiza lucros, privatizar significa cortar de imediato todos os gastos supérfluos, e subcontratar ali onde for mais conveniente — portanto, criar desemprego. A indústria de autopeças no Brasil, que foi tão importante para a criação de empregos, praticamente se dissolveu, pois não era competitiva do ponto de vista das grandes empresas. Montadoras como a Ford, General Motors e Renault são sócias de fábricas de autopeças no mundo todo; depois, é só escolher onde é mais conveniente maximizar as vantagens. Não se pode condenar a racionalidade das empresas; pedir que se comportem de outra forma é querer que sejam pouco eficientes. Mas pode-se, e deve-se, definir certos parâmetros para a racionalidade macro, definir se o critério que prevalece é o social ou o puramente microeconômico. E isso quem faz é o governo. Deixar a tarefa na mão do mercado significa que o interesse social será marginalizado.

Mesmo o governo atual, que parece seduzido pelo liberalismo, está querendo reformular a política do açúcar, pois a agricultura ainda cria muitos empregos. A sociedade também deve se mobilizar para defender seus interesses. Importa saber se prevalece algum projeto social. Perceber que o mais importante é o social foi a descoberta mais relevante de minha vida. Descobri que os economistas podem ser tecnicamente sofisticados e, mesmo assim, não captar a dimensão social dos problemas. Há pouco li o artigo de um conhecido economista brasileiro que deixou o governo e abriu um escritório para vender assessoria. Ele mostrava que tudo o que estava acontecendo no Brasil era certo, que criar desemprego era muito importante, pois novos empregos seriam gerados mais adiante em outros setores. E o custo social até lá? No meio do caminho morre muita gente. Mas esse seria o custo do progresso...

O homem se convence de muita coisa quando há interesses pessoais envolvidos. Aquilo que Max Weber definiu como racionalidade formal pode ser levado até a construção dos fornos crematórios. Já a racionalidade substantiva, que diz respeito aos valores, engendra outro processo social. É isso que o cientista social deve prezar mais: o interesse social.

Desemprego estrutural, cíclico, e exclusão social – Quando comecei a trabalhar com esse tema, a doutrina dominante no Brasil, a do professor Gudin da Faculdade de Economia, era de que havia pleno emprego no país. Hoje alguém pode em sã consciência falar em pleno emprego? Basta olhar nas ruas a quantidade de gente vendendo miudezas, sem opção de trabalho. Naquela época, avançava-se a idéia de desemprego estrutural. O desemprego cíclico era tratado com as técnicas keynesianas, para ele já havia um diagnóstico. Quanto ao desemprego estrutural, foi um conceito inventado pelos anos 50. E hoje os conservadores, ou seja, os ortodoxos em economia, falam em desemprego estrutural.

Mas hoje o que importa mesmo é estudar a exclusão social. O que importa é essa massa de jovens, que vejo na Europa e aqui no Brasil, que não consegue penetrar no mercado de trabalho. São excluídos de antemão. Os franceses estão atacando muito esse assunto pelo lado do investimento humano. É uma forma de abordar o problema, sem dúvida, pois a sociedade tem de investir mais na população, tem de elevar o nível de competência e profissionalização para facilitar a inserção. Mas o problema é mais complexo. Diz respeito à capacidade do sistema para criar emprego. Se o sistema maximiza vantagens tecnológicas não terá muitas possibilidades de criar empregos. Alegam que o emprego virá depois, quando a população for enriquecendo e criar um terciário mais importante. É verdade, mas há um fundo do problema que se chama exclusão social.

Necessita-se de um novo projeto de sociedade. Perguntam-me às vezes o que deve ser um novo projeto de sociedade. Uma resposta pode ser que os homens vivam mais em função de objetivos pessoais, e que a população, com nível cultural mais alto, tenha um consumo de bens culturais maior que o de hoje. Esse caminho deve ser buscado. Daqui a cinqüenta anos, quando alguns de vocês estiverem na posição em que hoje estou, tenho certeza de que verão um mundo completamente diferente, pois a revolução que está acontecendo neste fim de século é maior que qualquer outra que houve em duzentos anos. Precisa-se voltar à Revolução Industrial para se ter um tal *chambardement*, como dizem os franceses, uma sacudidela tão brutal como a que está acontecendo hoje.

Quando comecei a estudar economia, a solidariedade social tinha reconhecida importância, porque todos estavam de acordo para desenvolver o Brasil. E desenvolver o Brasil era desenvolver o mercado interno. Hoje em dia, o que é desenvolver o Brasil? É desenvolver as empresas transnacionais que estão instaladas aqui? Elas estão crescendo, mas que parâmetros, que enquadramento são utilizados? Como é possível definir racionalidade se a economia se internacionalizou, se não há mais o marco nacional? São assuntos em que os economistas devem pensar.

É notório o desmantelamento do marco político nacional em que se traduz a racionalidade social. O marco político nacional, é verdade, já havia se degradado com o sistema fascista, com o sistema estalinista. É muito fácil atacá-lo. Mas o que se coloca em seu lugar? Como definir a racionalidade, se não se tem em conta o interesse social? E se não houver marco nacional, não existe propriamente possibilidade de definir interesses coletivos. As empresas que vêm para o Brasil só para explorar mão-de-obra barata teriam que pagar muito mais impostos, por exemplo. Há muitas formas de abordar esse problema, que é o grande desafio de hoje.

Mercosul e alca – O Mercosul está dando certo e é o que de mais importante se fez em política externa brasileira há muito tempo. Foram os europeus que lançaram essa prática de solidariedade regional, embora o Mercosul esteja longe de se igualar à União Européia. A ampliação de interesses regionais cria novos mercados e novas forças. Por alguma razão os Estados Unidos parecem estar contra o Mercosul, criando dificuldades para o ingresso de outros países da América Latina. Eles têm seus interesses e pretendem dar a essa unificação outro sentido, a exemplo do que estão fazendo com o México. Como ir mais longe?

Será que se pode pensar em uma moeda comum? Presenciei na Europa como só se chegou a isso depois de anos de disciplina. De início havia grande hetero-geneidade entre os países do Sul, como Portugal, Espanha e Grécia, e os outros do continente. Fez-se então um sistema de compensações. Hoje, um investimento em Portugal é em parte financiado com recursos da União Européia. O projeto europeu, assim, ajudou Portugal a elevar seu nível de vida, da mesma forma que o Brasil fez com o Nordeste, graças aos incentivos fiscais. Os países podem se ajudar uns aos outros, e o Brasil terá de fazer uma política de concessões para a integração regional.

A ALCA (Área de Livre Comércio das Américas), que é um projeto dos Estados Unidos, visa a responder a uma situação histórica particular. A situação dos Estados Unidos é complexa, com um déficit em conta corrente imenso e sendo financiado pelos excedentes de outros. O Japão exporta cerca de 60 bilhões de dólares por ano e grande parte desse dinheiro é absorvido pelos americanos. Hoje, essas fontes ameaçam secar. A sociedade norte-americana perdeu a capacidade de poupar, e seu hiperconsumo chegou a tal ponto que ela está muito endividada. Essa é uma situação nova, um tipo de capitalismo de consumo. A economia norte-americana é hoje muito dependente do exterior. Ela, que antes era fechada, independente, autônoma e com um coeficiente de comércio exterior muito pequeno, hoje é dependente das relações internacionais. É natural que o governo americano não queira aumentar os salários, que já são muito altos em relação à produtividade. Por isso o país se encaminhou na direção da integração com o México, que aumentou muito suas exportações. Contudo, é um país de tradição de confronto com os Estados Unidos e sabe que uma associação tão desigual representa riscos muito grandes, até políticos. Talvez tenha aceitado essa integração por causa do trauma da última crise. Para evitar a moratória mexicana, os americanos puseram à sua disposição cerca de 60 bilhões de dólares. Nem o Plano Marshall fora tão longe. Os mexicanos não usaram todo o capital, mas o fato é que essa solução de emergência deixou o país nas mãos das autoridades financeiras americanas, pelo menos durante algum tempo.

O MITO DO DESENVOLVIMENTO ECONÔMICO – Quando escrevi *O mito do desenvolvimento econômico*, foi um pouco como provocação. Eu vivia no estrangeiro, estudava o Brasil de longe, e quis mostrar aos brasileiros que, se não encontrassem caminhos próprios, se confiassem completamente nas forças do mercado, nas forças internacionais que atuavam aqui, não teriam saída. Abordei o tema de tal modo que muita gente me disse que eu andava pessimista com respeito ao Brasil. Eu, que sempre fui de um otimismo fundamental! De toda forma, aceitei a crítica. O que eu insinuava é que a classe dirigente brasileira não tem capacidade para enfrentar seus grandes problemas, assim como não teve capacidade para formular uma política de industrialização nos anos 30; esta veio na contramão, mas veio. Só tardiamente o país descobriu sua vocação para industrializar-se.

Hoje em dia, são outros problemas. Há evidente tensão social. Quando digo que o mercado interno foi a força dinâmica que permitiu ao Brasil crescer, há quem retruque que isso é "coisa de dinossauro": para quê mercado interno quando as empresas transnacionais aqui instaladas se encarregariam de nos levar a todos os mercados?

Agricultura e reforma agrária – A agricultura é um setor produtivo em transição no mundo inteiro. Nos últimos trinta anos as técnicas agrícolas avançaram enormemente, mas nem por isso os subsídios, na Europa, fizeram-se menos necessários. Agora, com a integração do Leste Europeu, vão precisar de mais subsídios. O Japão, que é o país mais rico do mundo, tem uma agricultura socialmente muito cara. O arroz que cultiva sai caro se comparado com o de outros países. Mas os japoneses sabem que, se a agricultura ficar ao sabor do mercado, serão invadidos pelas exportações de arroz de outros países da Ásia, o que tiraria o emprego de milhões de pessoas. Acabaria o último setor importante da agricultura que eles têm. Trata-se, portanto, de uma decisão política.

O problema da agricultura brasileira também é político. Haveria outras opções de emprego tão fácil como as da agricultura para milhões de brasileiros? Nosso país tem terras abundantes não utilizadas, tem gente querendo retornar ao campo. Por que não fazer uma reforma que resolvesse o problema dessa gente, que atualmente chega a acampar na beira da estrada como candidato a agricultor? Sei que não se mobiliza uma população por decreto. A mobilização surge em uma sociedade quando se apresentam os desafios. O importante é o Brasil continuar sendo uma sociedade aberta politicamente, já que durante anos os brasileiros lutaram pelo mínimo que era o direito de ler jornal. Daqui para frente, os desafios só farão crescer. E o desafio de dar uma solução ao problema da terra no Brasil é um dos mais empolgantes para vocês da nova geração.

Os problemas do fim do século – O Estado não pode continuar quebrado como está. Por outro lado, não é possível ter uma política monetária independente sem equilíbrio fiscal. Tudo está na dependência de se restabelecer o equilíbrio das contas públicas. O fato é que o atual governo se endividou permanentemente. Vejam, por exemplo, essa questão da inflação. Escrevi um artigo dizendo que o Brasil tem uma inflação de outro tipo, mas nunca deixou de ter inflação. A diferença é que a inflação que era aberta foi substituída por uma inflação embutida, que é o déficit em conta corrente da balança de pagamentos. Esse é um desequilíbrio do tipo inflacionário. Eu disse isso a um jornal e muitos economistas ficaram perplexos. Esse desequilíbrio é tão grave quanto a inflação. Não basta substituir uma inflação por outra. Com a inflação, financia-se o déficit fiscal rapidamente, basta emitir papel-moeda. Foi o que fizeram os governos anteriores: uma emissão de papel-moeda correspondente a 5%, 6%, 8% do produto nacional. Isso já não é possível porque a sociedade não aceita o processo injusto de desordem dos preços. Mas ainda é necessário eliminar a inflação embutida, o que só será possível com a correção do déficit fiscal.

No Brasil há mais intranqüilidade e incerteza porque não sabemos como financiar o déficit externo e não queremos voltar à inflação. Tudo passa a depender da boa vontade dos credores para renovar os créditos necessários para compensar o desequilíbrio. O que o governo vai fazer ou pode fazer, se amanhã saírem do país, de uma pancada, 30 ou mais bilhões de dólares?

O certo é que perderemos toda a credibilidade internacional.

O cerne da questão é definir que modelo de desenvolvimento vai se propor ao Brasil para os próximos anos. É fundamental solucionar o problema da criação de empregos. Há possibilidades na agricultura, o que quase não existe em outros países. Mas é preciso ter um sistema de preços adequado. Não é problema a ser resolvido pelo mercado, que só se interessa pelo que seja rentável. Criou-se a ilusão de que o Brasil deve alcançar a vanguarda em todos os setores. Mas é melhor fabricar automóveis acessíveis aos brasileiros do que lançar produtos de vanguarda que impõem técnicas poupadoras de mão-de-obra. As grandes empresas estão interessadas no mercado interno brasileiro. Se houver uma política séria com disciplina dos investimentos, elas não farão resistência, pois em qualquer hipótese levam vantagem se o mercado estiver crescendo. Cabe aos políticos, e mais ainda a toda a sociedade, avançar soluções para esses problemas.

estacionária ou declina, enquanto na região central e leste (incluindo a área do café) ela crescia a uma taxa de 2,3%. Portanto, na primeira metade do século cimentou-se o subdesenvolvimento, e na segunda consolidaram-se as disparidades regionais de níveis de vida.

Observamos anteriormente que o longo período de estagnação econômica se encerra a partir dos anos 50 quando o Estado conquista autonomia de decisão no campo fiscal e o café emerge como o produto dominante nas exportações do país. Se a renda *per capita* havia declinado na primeira metade do século, na segunda ela alcança a taxa de crescimento anual de 1,5%. Se se tem conta que a população, graças ao fluxo migratório de origem européia, estava crescendo a uma taxa anual de 2%, compreende-se que o produto nacional haja praticamente quadruplicado nesses anos.

Generaliza-se então o regime do trabalho assalariado, o que traz consigo crescente monetização e ampliação das atividades mercantis. Tudo isso tem fortes repercussões sociais, pois surge um embrião de classe média que competirá com os grandes proprietários rurais pelo controle do poder. A urbanização se intensifica e com ela a demanda por serviços públicos e a maior exposição aos hábitos de consumo dos países que lideravam a Revolução Industrial. O que ocorre nesse período de forte transformação social nos permite compreender os problemas com que se defrontará o país no período subseqüente. Surgirá um descompasso entre os padrões de consumo das classes alta e média e o desenvolvimento das forças produtivas. A tecnologia moderna penetrava com intensidade no estilo de vida e muito debilmente no aparelho de produção. Essa distonia está na raiz do fenômeno que em nossa época veio a ser conhecido como *subdesenvolvimento*. No período que estamos considerando, o Brasil conheceu uma taxa de crescimento elevada, comparável à dos Estados Unidos na mesma época. Por trás disso havia a incorporação de novas terras, de imigrantes e de mão-de-obra disponível em regiões decadentes. Mas o investimento propriamente dito era essencialmente destinado a modernizar o estilo de vida das classes privilegiadas. O esforço realizado por Mauá de desviar parte da poupança nacional para investir em indústrias de base não contou com apoio da sociedade, o que comprova a distonia a que fizemos referência.

Tentar projetar alguma luz sobre o imaginário de Machado de Assis não é tarefa fácil, não obstante ele nos haja deixado uma obra extensa. É marcante a ruptura que se manifesta entre os romances da juventude, que parecem ter sido escritos como uma distração sem maiores compromissos, e os livros da maturidade, de profundidade desnorteante, escritos com intervalos de anos, que culminam com essa obra-prima que é o *Memorial de Aires*.

A juventude de Machado decorre numa época em que o país vivia a fase final de uma decadência secular marcada por um imobilismo social cimentado na escravidão. Essa fase é seguida por outra de grandes transformações cujo sentido, na época, não deveria ser fácil captar. O observador corrente se inebriava com o "progresso" que não era mais do que o transplante superficial de uma civilização material cujo embasamento tecnológico não existia entre nós. Cabe formular a hipótese de que Machado, com sua agudeza telescópica para perscrutar o futuro, percebeu a fragilidade do progresso que se exaltava em sua época. Como não encontrou um horizonte utópico em que refugiar-se, deslizou para um amargo ceticismo. Sua obra continua a ser atual porque o quadro de perplexidade que ele esboçou ainda é o retrato mais fiel da alma do brasileiro.

Rui Barbosa e a Política Financeira do Primeiro Governo Republicano

Os três últimos decênios do século XIX foram possivelmente a fase de maiores transformações socioeconômicas que conheceu a história de nosso país. Tivemos o rápido avanço do sistema de trabalho assalariado que, combinado com o declínio do regime escravista, modificou profundamente o perfil social do Brasil. Isso foi possível graças à importante corrente de imigração de origem européia que aqui incentivou a formação de uma consciência social e o embrião da sociedade civil. O fim do trabalho escravo coincide com o advento do regime político republicano que assume a forma federativa. Tem início então um processo de descentralização do poder estatal que permite às regiões de povoamento mais recente aumentarem sua influência política. A região nordestina que, no fim do século, ainda representava um terço da população brasileira, permanecia estagnada economicamente mas pesava consideravelmente nos centros de decisão sediados na Capital Federal. Com a descentralização republicana, São Paulo pôde exercer a influência que correspondia à sua participação na riqueza nacional.

Nosso propósito é tentar explicar as aparentes contradições do comportamento de Rui Barbosa, responsável pela política financeira do primeiro governo republicano. Cabe ter em conta que se tratava de um governo que se apresentava como provisório mas que exercia poderes ditatoriais. Os decretos sobre reforma financeira traziam apenas a assinatura do chefe do governo, Deodoro da Fonseca, e de Rui Barbosa. Não apresentam exposição de motivos fundamentando-os. Esses dispositivos legais retomam uma linha política que havia sido adotada pelo último Gabinete Imperial e que fora duramente criticada pelo próprio Rui em sua primeira exposição de motivos como ministro da Fazenda do novo governo. Com efeito, dizia Rui a 15 de novembro de 1889: "Em vez de organizar solidamente o crédito agrícola, proporcionando nele à indústria do solo os meios naturais de sua reconstituição, a monarquia, incuravelmente corruptora, preferiu constituir um mecanismo passageiro, de fins notoriamente eleitorais, destinado a estimular os apetites da indigência, explorando a situação aflitiva da classe empobrecida, mediante um regime de empréstimos, que vinham dessangrar inutilmente o crédito público, satisfazendo, quando muito, os credores da lavoura, sem fomentar o desenvolvimento da produção". Assim denunciava ele duramente a adoção do "curso forçado", apresentando-se como um arauto da ortodoxia do padrão-ouro.

Dois meses após assumir a pasta da Fazenda, Rui

leva o governo a aprovar uma reforma financeira que surpreende por sua abrangência. No mesmo dia (19 de janeiro de 1890), o governo publica outro decreto dispondo sobre a organização de bancos de emissão. Este último decreto deu o passo decisivo de descentralizar o poder de emissão a partir de três focos irradiadores: Bahia, Rio de Janeiro e Rio Grande do Sul. Cada banco teria sucursais e agências na área que lhe correspondia. O decreto dispõe que os bilhetes emitidos gozarão das regalias conferidas às notas do Estado, podendo esses bancos ter oficina própria para impressão de seus bilhetes.

É fácil perceber os riscos que assumia o governo ao tomar essas medidas de extrema liberalização no uso dessa arma sutil e poderosa que é a criação de meios de pagamento. Rui percebeu que se havia metido por um caminho perigoso mas não recuou. Se se tem em conta que no mesmo ano ele fez o governo aprovar uma Lei do Similar Nacional, que era uma audaciosa antecipação da política de substituição de importações que quatro decênios depois permitiria ao Brasil superar a fase de economia primário-exportadora e engajar-se decisivamente na industrialização, cabe admitir que havia concebido um novo projeto para o Brasil, o qual se afastava consideravelmente do monetarismo ortodoxo em que se baseou a crítica às reformas de Ouro Preto.

A ausência de uma política monetária inspirada na realidade local explica-se pela sedução que exercia na época o modelo vigente na Europa com a generalização do *gold standard* praticado na Inglaterra. Esse modelo implicava em custo considerável para as economias que dependiam da exportação de uns poucos produtos primários em razão do comportamento errático dos preços desses produtos no mercado internacional. O primeiro país onde surgiu um pensamento independente para interpretar o fenômeno da instabilidade de causas estruturais foi o Chile. Mas o que ocorria nesse país foi visto nos meios acadêmicos de prestígio como uma simples "anomalia".

A política seguida por Rui Barbosa também requeria uma teorização nova que só surgiria meio século depois. Na prática, ele se limitou a seguir diretrizes esboçadas pelo último governo imperial. Assim, coube a Rui, que havia criticado acerbamente essas inovações, aplicá-las. Se observamos as estatísticas da época vemos que, no decênio dos 80, contraiu-se em 10% o circulante, portanto foi uma época de grande adstringência de crédito. Se se tem em conta que nesse decênio entraram no Brasil mais de 200 mil imigrantes e que o regime de trabalho assalariado se expandia com rapidez, compreende-se a insatisfação geral com a política seguida pelo último governo imperial. Compreende-se, também, o apoio que mereceu a República com sua descentralização federativa abrindo espaço para a maior participação no poder das regiões cafeeiras em rápida expansão.

Quando observamos de perto os dados dos anos 90, marcados pela política iniciada por Rui e que se confunde com a legenda do Encilhamento, vemos que há uma forte expansão de liquidez, pois o meio circulante triplica nesse decênio. Contudo, se comparamos a despesa do governo central com o valor das exportações, comprovamos que a relação entre essas duas variáveis evolui a favor das exportações. Portanto, não foram os gastos do governo federal, cuja expansão foi bem inferior à do valor das exportações, a causa do desequilíbrio que acarretou a depreciação cambial. A reforma monetária implantada por Rui assumiu a forma inusitada de uma descentralização do poder de emissão quando inexistia sequer um embrião de Banco Central capaz de praticar alguma forma de fiscalização das aplicações. A transição do regime de crédito extremamente limitado para outro de grande facilidade deu lugar a uma febril atividade especulativa com ampla projeção na imprensa da época. Os comentários feitos por intelectuais de prestígio, como Machado de Assis, revelam deficiência de apreensão do que ocorria na realidade e a distância a que se colocavam as elites tradicionais com respeito às inovações improvisadas da política financeira. As atividades especulativas constituíram um fenômeno marginal. O que houve de duradouro foi o forte estímulo à ação empresarial, logo interrompida pela política deflacionista de Joaquim Murtinho.

Certo, a brusca expansão da renda monetária pressionou a balança de pagamentos provocando depreciação cambial. O preço médio das exportações em moeda local dobrou, incentivando os investimentos nas novas áreas de colonização e estimulando a produção de borracha na Amazônia. Essa ampla redistribuição de renda rompeu as amarras do imobilismo da época e permitiu superar a obsessão com a conversibilidade cambial.

Rui não teorizou sobre a experiência dos anos 90. Ao contrário: volta à posição ortodoxa quando se candidata à Presidência da República em 1910. O que ele intuiu quando estava no poder nos albores da recém-criada República foi que o Brasil podia ter acesso a um desenvolvimento muito mais harmonioso se superasse o modelo primário-exportador e se voltasse para o fomento do mercado interno. Sua Lei de Similares apontava nessa direção. Mas as classes dirigentes da época não entenderam a sua mensagem e o condenaram ao ostracismo.

Obras de Celso Furtado

Contos da vida expedicionária – de Nápoles a Paris, 1946
A economia brasileira, 1954
Uma economia dependente, 1956
Perspectivas da economia brasileira, 1958
Uma política de desenvolvimento econômico para o Nordeste, 1959
Formação econômica do Brasil, 1959
A Operação Nordeste, 1959
Desenvolvimento e subdesenvolvimento, 1961
Subdesenvolvimento e Estado democrático, 1962
A pré-revolução brasileira, 1962
Dialética do desenvolvimento, 1964
Subdesenvolvimento e estagnação na América Latina, 1966
Teoria e política do desenvolvimento econômico, 1967
Um projeto para o Brasil, 1968
Análise do "modelo" brasileiro, 1972
A hegemonia dos Estados Unidos e o subdesenvolvimento da América Latina, 1973
O mito do desenvolvimento econômico, 1974
A economia latino-americana, 1976
Prefácio a nova economia política, 1976
Criatividade e dependência na civilização industrial, 1978
Pequena introdução ao desenvolvimento – um enfoque interdisciplinar, 1980
O Brasil pós-"milagre", 1981
A nova dependência, dívida externa e monetarismo, 1982
Não à recessão e ao desemprego, 1983
Cultura e desenvolvimento em época de crise, 1984
A fantasia organizada, 1985
Transformação e crise na economia mundial, 1987
A fantasia desfeita, 1989
ABC da dívida externa, 1989
Os ares do mundo, 1991
Brasil, a construção interrompida, 1992
Obra autobiográfica de Celso Furtado. 3 vol., 1997
O capitalismo global, 1998

Jonas Alexandre de Araújo

Jonas Alexandre de Araújo